어울림과
아우름

어울림과 아우름

곽동일 지음

한 글자를 제대로 알기 위해
배움을 멈추지 않고
끊임없이 정의 내리는 삶을 위하여

바른북스

프롤로그

 겨울왕국2의 OST로 유명한 〈Into the unknown〉이라는 노래가 있다. 주인공인 엘사가 부른 노래로 대중들에게 많은 인기를 끌었다. 'Unknown'은 알려지지 않은 곳이다. 미지의 세계로 떠나는 모험을 그려나간 영화였다.
 세상은 미지로 가득 차 있다. 미지의 세상을 헤쳐 나가려면 하나씩 알아가야 한다. 미지의 세계를 탐험하는 방법은 무엇일까. 한 발자국씩 내딛는 수밖에 없다. 내 앞길을 비추는 횃불을 만들면 더 이상 두려움 없이 탐험을 시작한다.

 무언가를 안다는 건 어려운 일이다. 안다고 하지만 그 앎의 깊이는 어떻고 넓이는 어때야 하는가. 안다는 단어의 뜻은 정확히 무엇인가.

안다는 뜻에는 여러 가지가 있다. 첫째, 사실이 그러하다고 믿는다. 이 앎은 내 믿음에서 비롯되기에 어쩌면 사실이 아닐 수도 있다. 내 믿음의 기반 자체가 잘못인 경우도 있다. 누가 봐도 기둥인 줄 알았는데 밖에서 보니까 코끼리였다. 내 믿음이 반드시 사실이 아닐 수도 있다. 고로 첫 번째 앎은 잘못될 가능성이 존재한다.

둘째, 교육이나 경험, 생각을 통해 지식을 갖춘다. 학교에서 배운 공부, 책에서 읽은 내용, 그 과정 속에서 얻은 생각으로 하나씩 알아간다. 하나씩 배워가다 보면 문득 연결되는 느낌이 올 때가 있다. 1 더하기 1이 2라는 교육을 받고 백지장도 맞들면 낫다는 속담을 배우면 인간관계는 협력을 통해 효율이 극대화된다는 깨달음으로 연결된다. 이러한 앎을 혼자 알아갈 수도 있고, 경험을 통해 알아갈 수도 있다. 물론 책만 열심히 본다고 해서 모두가 완벽하게 앎에 도달하는 것은 아니지만, 배우는 과정이 없다면 결코 알지 못하기에 쌓는 과정은 반드시 필요하다.

셋째, 어떤 일을 할 능력이 있다. 공부할 때는 혼자 하기보다 누군가를 가르칠 때 효과적이다. 내가 직접 선생님이 되어 가르칠 때 머리에 오랫동안 남는다. 학창시절 선생님한테 배우는 기억보다 내가 발표한 기억이 더 많이 남는 것도 이러한 이유 때문이다. 안다는 건 어떤 일을 할 능력이 있다는 말이다. 쌓은 지식을 발휘하여 사용할 수 있다. 쉽게 말해 써먹을 수 있을 때 앎은 진실로 앎이 된다.

넷째, 사랑하는 사람을 안아준다고 할 때도 '안다'라고 말한다. 누군가를 안는다는 건 두 팔을 벌려 나를 향해 끌어당기는 모습이다. 무언가를 알기 위해선 사랑을 갖고 내 품 안에 있게 해야 한다.

정리해 보면, 무언가를 안다는 것은 내 믿음이나 느낌에 의지하지 않고 지금까지 쌓아온 지식, 경험을 통해 어떤 일을 할 수 있는 능력을 갖추는 일이다. 그 속에는 앎에 대한 사랑과 포용이 필요하다. 어머니가 갓난아이를 안아주는 모습처럼 따뜻한 수용력으로 하나씩 안아가고 알아가야 한다. 닭이 알을 안고 있는 이유는 달걀을 성장시키기 위함이다. 우리가 앎을 안아야 하는 이유도 자그마한 씨앗을 성장시켜 뿌리 깊은 나무를 만들기 위함이다.

　이렇게 알아간다는 단어의 뜻을 깊이 파고들면 명확해진다. 동굴에서 길을 잃는 이유는 불빛을 찾지 못해서다. 무언가를 하나씩 알아갈 때 밝아지며, 이를 한자로 밝을 명(明)이라고 한다. 횃불을 곳곳에 나누어 설치할 때 분명(分明)해진다고 말한다. 분명해진 앎을 바탕으로 사물과 사람을 이해하여 어질고 슬기로워질 때 현명(賢明)하다고 말한다.

　인생은 내 앎이 분명한 만큼 성장한다. '너 자신을 알라'라는 말은 하나라도 분명한 것을 찾으라는 소크라테스의 조언이다. 두려움은 막연함에서 찾아온다. 어둠이 무서운 이유는 앞이 보이지 않기 때문이다. 하지만 횃불을 들고 동굴에 들어서면 막연한 두려움 대신 용기가 생긴다. 이차피 들어가야 할 동굴이라면 분명함이라는 횃불을 들어야 한다.

　'Into the unknown'을 바꿔서 'Into the word'로 생각해보자. 단어의 세상 속으로 들어가라는 뜻으로, 무심코 넘어갔던 단어 하나하나의 의미를 제대로 알아가는 여행을 통해 한 걸음이라도 분명하게 내딛기를 바라는 마음이다. 단어 속에는 무한한 뜻이 담겨있다. 단어 속에 세상이 있고, 펼쳐진 세상이 새롭게 정의되어 분명해질 때 내딛는 발걸음에 자신감이 생기고, 두 눈에는 용기가 깃든다.

　〈법성게〉의 구절에 일미진중함시방(一微塵中含十方)이라는 구절이 있다. 미세하고 작은 티끌 하나에 온 세상이 들어있다. 일상의 단어 하나에 우주가 들어 있다. 우주의 뜻을 가진 'Universe'의 'Uni'는 '하나'이며 'Verse'는 '구절'이다. 하나의 구절이 바로 우주다. 인생의 한 구절이 우주와 같다. 단순한 단어 속에 각각의 이야기가 펼쳐진다.

세상은 물질과 물질이 아닌 것으로 이루어져 있다. 보이는 것과 보이지 않는 것을 정의 내릴 때 세상에 대해 좀 더 알 수 있다. 출발지는 단어 하나이지만 목적지는 세상이다.

단어를 명확하게 알아야 하는 또 하나의 이유는 단어 자체가 자신의 관점과 연결되기 때문이다. 한 단어에 대해 어떤 생각을 갖는가에 따라 단어에 대한 인식이 달라지고 인식된 생각이 서로 연결된다. 내가 강아지에 대해 어떤 인식을 하는가에 따라 강아지에 대한 생각이 달라진다. 강아지를 키우는 사람은 강아지를 보고 귀여워할 수 있지만, 강아지에게 물린 기억이 있는 사람은 강아지가 다가오면 놀라 뒷걸음질 친다. 이는 단어에 대해 갖는 생각이 다르고 인식된 관념이 다르기 때문이다.

단순히 책을 많이 읽는 것보다는, 하나의 책을 읽더라도 그 책에서 나오는 단어 하나를 제대로 알고 내 삶에 녹여 해석했는지가 더 중요하다. 내 생각대로 단어를 해석하지 말고 단어의 본뜻에 맞고 상황에 맞는 해석이 필요하다. 그런 숨은 뜻을 찾는 과정이 단어 속으로 떠나는 여행이다.

우리 주변의 만물은 숨어있는 뜻을 갖고 있다. 다만 우리가 찾아내지 못했을 뿐이다. 숨어있는 뜻을 찾아내는 능력이 통찰력이다. 통찰력은 영어로 'Insight'라고 한다. 'In'이란 '안쪽'이고, 'Sight'는 '보다'라는 뜻이다. 삶을 이해하려면 외부에 드러나 있는 'Outsight'를 넘어, 그 안에 숨겨져 있는 내부의 본질을 꿰뚫어보는 'Insight'가 필요하다.

　삶을 살아가는 데 있어서 통찰력은 중요한 능력이다. 꿰뚫어 볼 수 있는 힘은 사람을 만날 때, 어떤 일을 할 때, 말을 할 때 등 삶을 살아가는 모든 순간에 필요하다. 어떤 일을 제대로 보거나 해석하고자 한다면 통찰력을 갖춰야 한다. 다른 사람이 하는 말의 숨은 뜻을 이해하지 못하면 좋은 관계를 맺을 수 없다. 친구가 볶음밥을 먹고 싶다고 말하지만 시선은 짬뽕에 고정되어 있으면 실제로는 짬뽕을 먹고 싶다는 것을 알아채는 것이 통찰력이다. 어쩌면 눈치가 빨라야 통찰력이 있다고 말할 수도 있다. 눈치보다 더 정확하고 빠르게 숨은 뜻을 환히 보고 깊숙한 곳까지 꿰뚫을 수 있어야 한다.

　통찰력은 어떻게 해야 얻을 수 있을까? 통해야 할까? 물론 그 말도 맞겠지만 통찰력을 얻으려면 깊은 생각을 해야 한다. '생각을 하라니? 평상시에도 오만가지 생각을 하는데 무슨 생각인가?' 이렇게 느낄 수도 있지만 단순한 생각이 아닌 깊은 생각이다.

　'깊다'라는 의미는 겉에서부터 속까지의 거리가 먼 것을 말한다. 발만 담글 수 있는 정도의 개울은 '얕다'라고 말한다. 깊은 것은 바다와 같이 표면에서 보이지 않는, 아득하고 어두컴컴한 곳까지 내려간 것을 의미한다. 아무것도 보이지 않는 암흑의 바다 속에서 환하게 꿰뚫는 것이 통찰력이다.

　통찰력은 주변에서 사소함을 찾아보는 것에서 시작한다. 이름이나 사랑 같은 단어를 찾아보면 된다. 단어를 깊숙하게 파고들어 속에 숨어 있는 진주 같은 보물을 얻어내는 과정이 필요하다.

우리가 단어를 잘 알아야 하는 이유는, 무심코 놓쳐왔던 단어들의 의미에 좀 더 초점을 맞춰 이해하고 진짜 내 것으로 익히는 과정이 있어야만 내 세상이 넓어질 수 있기 때문이다. 'Word'를 잘 알아야 'World'라는 세상을 알 수 있다.

비트겐슈타인은 내 언어의 한계는 내 세상의 한계라고 말했다. 내가 쓰는 언어가 내가 가진 세상이다. 언어를 알지 못하면 세상을 알지 못한다. 단어 하나부터 시작해야 하는 이유다.

단어 하나씩 찾아가는 공부를 격물(格物) 공부법이라고 한다. 인격이나 품격, 자격 같은 곳에 쓰이는 격(格)과 물건을 뜻하는 물(物)이 합쳐진 단어이다. 격(格)이라는 한자 속에는 연구하다는 뜻이 있다. 한자를 자세히 살펴보면 나무 목(木)과 제각각이라 할 때의 각(各)이 합쳐져 있음을 알 수 있다. 제각각 펼쳐져 있는 나무 하나하나를 보는 방법이 격(格)이다. 숲에 가보면 나무들이 빽빽하게 심어져 있다. 그 속에서 나무 하나하나를 살펴보는 것처럼 만물을 각각 분류하고 나눠서 하나씩 살펴보는 과정을 의미한다.

러시아에 마트료시카라는 인형이 있다. 인형 안에 인형이 있다. 러시아어로 '마티'라는 단어에서 유래했다고 하는데, 이는 '어머니'라는 뜻이다. 어머니의 마음은 열면 열수록 더 깊어진다는 뜻이지 않을까. 러시아에서는 풍요를 희망하며 여성을 그려 넣었다고 한다. 마트료시카 인형을 하나씩 열어보면 마지막 인형을 찾아내야 마음이 편해진다.

마트료시카 인형처럼 끝까지 파고들어야 한다. 하나의 뜻을 끝까지 쪼개고 나눠서 찾아낸 다음 환히 알아내야 한다. 통찰력은 이 격물 공부를 통해서 길러진다.

통찰력은 누구에게나 필요하다. 삶을 좀 더 이해하고 분명하게 볼 수 있기 때문이다. 격물을 통해 우리는 세상을 이해할 수 있다. 우리 주변의 사소한 것들을 이해하면 사람도 이해할 수 있게 된다. 사람을 이해하면 세상을 이해하게 된다. 하나의 이해가 다른 이해를 불러온다. 한 글자씩 공부하면서 언제 저 멀리까지 가나 싶지만 한 발짝씩 걸어간다면 천리 길도 간다. 돌아가는 길처럼 보이지만 그 길이 제일 빠르다는 사실이다.

개념을 확실하게 잡아야 한다. 개념이란 어떤 사물이나 현상에 대한 일반적인 지식이다. 영어로는 'Concept'이다. 라틴어 'Conceptus'에서 유래되었는데, 이는 'Con'과 'Capere'에서 나온 합성어이다. 'Con'은 함께, 'Capere'는 잡다라는 뜻이다. '함께 쥐고 있는 모습'이 바로 개념이다.

일반적으로 사람들이 하는 생각들이 모이면 개념이 된다. 내가 생각하는 꽃과 상대가 생각하는 꽃은 다를 수 있다. 각자의 꽃은 다르지만, 꽃이라는 개념은 공통적으로 이해하고 있다. 우리는 꽃을 보고 '꽃'이라고 부른다. 돌을 보고 꽃이라고 하지 않는다.

우리가 알아야 할 개념은 플라톤의 이데아와 연결된다. 챗GPT의 설명을 빌리자면, 이데아는 우리가 경험하는 물리적 세계의 불완전하고 변하는 사물들의 근본적인 본질을 나타내는, 영원하고 불변하는 본질적인 실체를 의미한다. 플라톤은 이데아를 통해 우리가 물리적 세계에서 경험하는 사물들을 이해하고, 그 진정한 본질을 추구할 수 있다고 보았다.

개념을 잡는다는 것은 이데아를 이해하는 것과 같다. 물리적인 세계에서는 꽃은 사라지지만 변하지 않고 영원한 꽃의 이데아는 존재한다. 꽃이라는 개념을 이해한다면, 꽃이라는 본질을 볼 수 있기에 형태는 다르지만 꽃이라고 불리는 것들을 인식할 수 있다.

시간이 흐르며 자연스럽게 노화가 찾아온다. 내 몸은 하루가 다르게 변해간다. 여기서 '나'라는 개념이 있는 사람은 변화 속에서도 자기 자신을 잃지 않는다. '나'를 알아가는 과정을 거치지 않고 내가 누구인지 정의 내리지 않으면, 변화된 모습만 보고 다른 사람인 줄 착각한다. 자칫하면 스스로가 누구인지 모른다. 이를 막기 위해 나 자신을 알아야 하고 개념을 잡아야 한다. 변하지 않는 본질을 통해 변화하는 세상을 이해한다. 그것이 개념의 힘이다.

개념(槪念)의 개(槪)는 나무(木)와 쌀(旣)이 합쳐진 글자다. 사전에서는 '개(槪)'를 평미레라고 해석한다. 평미레란 말이나 되에 곡식을 담아 그 위를 평평하게 밀어 고르게 하는 도구이다.

주어진 틀에 넘치지 않게 담아야 한다. 개념이 지나치면 안 된다. 그러지 않으려고 평미레라는 도구로 넘침을 덜어낸다. 내 주관이 세상의 주관을 넘어서면 안 된다. 세상은 조화롭게 살자고 말하는데 내 멋대로 세상은 자유롭게 살아야 한다며 법도 지키지 않고 하고 싶은 대로 행동하면 어떻게 될지는 뻔하다.

최진석 교수는 개념에 대해 이렇게 말했다.

> '개념은 특수한 것, 사적인 것, 여분의 것을 제거하고 공통의 틀 안에 들어가는 것만을 생각의 형태로 저장한 것이라고 할 수 있습니다.'[1]

앞에서 말한 것처럼 우리에게 주어진 틀 외의 것은 덜어내야 한다. 공자의 제자가 공자에게 죽음에 대해 물었다. 그에 대한 공자의 답이다. '삶을 모르는데 어떻게 죽음을 알겠는가.' 공자는 삶에 대한 개념이 명확했기에, 그와 상반되는 죽고 난 이후의 삶은 덜어냈다. 죽음이 무엇인지 생각할 수는 있지만 죽고 난 이후의 삶은 우리가 어떻게 할 수 없는 분야다. 천국이든 지옥이든 유토피아든 내 삶의 개념과 거리가 있기에 덜어낸다. 그런 판단을 하는 것이 평미레의 역할이다.

그렇다고 인생을 정해진 틀에 맞춰 살라는 말은 아니다. 지금 내게 필요 없는 것은 덜어내라는 말이지 평생 똑같은 틀에서 살라는 말이 아니다. 되, 말, 홉 등 다양한 크기가 존재하는 삶이다. 이를 넓혀가는 과정에서 담을 수 있는 그릇의 크기가 넓어진다. 그래서 군자는 정해진 그릇이 아니라는 공자의 군자불기(君子不器)의 가르침이 있다.

개(槪)의 또 다른 뜻을 살펴보자. 나무(木)와 향기로움(皀), 목메다(旡)라는 글자로 나누어지며, 나무(木)는 꾸밈이 없다는 뜻이다. 급(皀)은 아직 껍질을 벗기지 않은 곡식의 알을 의미한다. 기(旡)는 배가 부른 사람의 모양이다. 아직 꾸미지 않은 낟알 상태의 순박함이나 순수함으로 가득 찬 사람을 말한다. 세상의 주관이 들어가지 않고, 자기만의 순수함으로 '념(念)'이라는 생각을 할 때 비로소 개념이 내면에 자리할 수 있다.

단어를 나누고 쪼개며 공부해 보면, 한 글자 한 글자가 거대한 뜻을 지니고 있다는 사실을 알게 된다. 이를 공부하면 할수록 깜짝 놀라게 된다. '이 글자가 이런 뜻을 가지고 있었어?'라고 생각하며, 한 번도 생각하지 못했던 뜻을 깨닫게 된다.

우리가 일상에서 자주 사용하는 단어들이 가지고 있는 깊은 뜻을 알아보며, 그 뜻이 어떻게 뻗어나가고, 얼마나 깊숙하게 숨겨져 있는지 살펴보고자 한다. 이는 미지의 단어 속으로 떠나는 여행이다. 격물 기차에 올라타 즐거운 여행을 통해 '통찰역'이라는 종착역에 도달하기를 바란다.

목차

프롤로그

**1장.
성장과
탐구**

가능성 18 / 가소성 20

목표와 목적 23 / 자신 27

기준 32 / 수용 38

자유 41 / 중요 45

**2장.
관계와
사회**

스승 50 / 협력 54

신뢰 57 / 양육 61

설득 66 / 이해 71

사랑 75 / 어울림과 아우름 79

**4장.
지식과
학습**

질문 116 / 지식 119

집중 123 / 생각 125

독서 129 / 학습 133

요약 137 / 선택 140

**3장.
감정과
심리**

걱정 84 / 싫증 88

반응 91 / 기대 95

고통 100 / 행복 103

초연 106 / 여유 110

6장.
정돈과 건강

건강 176 / 청소 179
예방 182 / 독립 185
노력 190 / 휴식 193
어른 197 / 말 200

5장.
생활과 성찰

철학 146 / 변화 149
여행 153 / 소명 157
하루 162 / 나이 165
명절 169 / 낭만 172

8장.
태도와 가치

배짱 238 / 관찰 242
외유내강 246 / 의외 250
창문 253 / 순간 256
모방 260 / 부정 264

7장.
삶과 일

비즈니스 206 / 사람 211
성공과 실패 214 / 문화 217
이름 221 / 탁월함 224
결핍 227 / 영리함 230

에필로그
감사의 말
참고문헌
미주

가능성은 우리에게 늘 열려 있는 문이다. 아직 이루어지지 않은 미래, 변화할 수 있는 나의 모습을 상상하게 한다. 가소성은 그 가능성을 현실로 만드는 힘이다. 마음과 몸은 환경에 따라 얼마든지 변한다.

목표와 목적은 그 가소성을 향해 나아가는 나침반이다. 내가 어디로 가고 싶은지, 무엇을 이루고 싶은지 명확히 정하는 일이다. 자신을 이해하고, 스스로에 대한 기준을 세우는 것 또한 중요하다. 기준은 흔들리지 않는 중심축이 되어 나의 행동과 선택을 이끈다.

때로는 스스로에게 엄격한 잣대를 들이대기보다 수용하는 자세가 필요하다. 완벽하지 않은 나를 인정할 때, 자유가 비로소 찾아온다. 자유는 타인의 기대나 사회적 기준에서 벗어나 온전히 나답게 살아가는 힘이다.

이 모든 과정 속에서 가능성과 가소성, 목표와 기준, 수용과 자유는 서로 맞닿아 나를 성장시키는 원동력이 된다.

1장.
성장과 탐구

가능성
가소성
목표와 목적
자신
기준
수용
자유
중요

가능성

가능성이란 앞으로 실현될 수 있고 성장할 수 있는 여지나 가망을 의미한다. 여기서 '여지'는 남은 땅을 뜻하는데, 농사를 짓는 과정에서 아직 다른 농작물을 심을 수 있는 땅이 남아 있을 때 여지가 있다고 표현한다. 마찬가지로 우리 각자에게도 주어진 '땅'이 존재하며, 이 땅을 얼마나 잘 경작하고 활용하는가는 전적으로 자신에게 달려 있다. 가능성은 비어 있는 땅이 많다는 사실을 깨달을 때 비로소 피어나는 것이다.

이반 투르게네프의 소설 《첫사랑》에는 "어쩌면 그대가 지닌 아름다움의 비밀은 무엇이든 해낼 수 있는 가능성에 있는 것이 아니다. 무엇이든 해내리라고 생각할 수 있는 가능성에 있는 것인지도 모른다"라는 문구가 나온다. 가능성은 행동에서 시작되기보다 생각에서 시작한다. '할 수 있다'는 믿음과 의지가 우선되어야 한다.

영어 단어 'Chance'는 '기회'뿐 아니라 '가능성'도 포함한다. 살면서 주어지는 기회는 곧 가능성이며, 무언가 실현되도록 하는 발판이 된다. 'Potential'에서 'Potent'가 '강함'을 뜻하듯, 각자가 지닌 가능성은 얼마나 강한 힘으로 밀어붙이는지에 따라 그 크기가 달라진다.

앞으로 실현되고 성장할 수 있는 가능성은 어디에 달려 있을까? 그것은 주어진 시간 내에 해내야 할 일이 있어야 하며, 부여된 기회를 잡을 수 있어야 하고, 다양한 장애물을 극복할 수 있는 가능성이 있어야 한다. 가능성은 개인의 능력과 역량에 달려 있으며, 지식과 기술, 문제 해결 능력, 창의력, 적응력 등 다양한 요소가 요구된다. 또한 목표의 명확성, 내면의 강력한 동기, 타인의 지지와 부여된 자원도 가능성에 큰 영향을 미친다.

'가능(可能)'이란 '능히 할 수 있음을 허락한다'는 뜻이다. 여기서 '허락'은 누가 하는 것일까? 바로 자신이 스스로 '할 수 있다'고 믿고 허락하는 것이다. 가능성에는 자신감, 즉 '가능심'이 반드시 필요하다. 가능하다는 마음이 없다면 기회가 주어져도 강하게 도전하거나 시도하지 못해 잠재력이 발현되지 않는다.

잠재력(潛在力)의 '잠(潛)'은 '자맥질하다'는 뜻으로, 물속에서 떠올랐다 잠겼다 하는 모습과 같다. 물속에서 벗어나 육지로 나오려면 물 위를 힘차게 뛰어올라야 한다. 표면에 머무르지 말고 비상하는 용처럼 머물던 곳에서 뛰쳐나와 하늘로 올라가야 한다.

가능성의 문은 언제나 열려 있으며, 그 문을 향해 한 걸음 내딛는 순간 새로운 기회와 무한한 성장의 세계가 펼쳐진다. 우리가 스스로의 가능성을 믿고 키워갈 때, 미래는 더욱 빛나고 풍요로워질 것이다.

가소성

 가소성(可塑性)이라는 단어는 흔히 들어본 단어는 아니다. 이 글자는 뇌과학 분야에서 주로 이야기되곤 한다.
 우리의 뇌는 가소성을 갖고 있기 때문에 우리가 어떤 자극을 가하는가에 따라 변한다. 반복을 통해 뇌 속에 고속도로가 만들어진다. 뇌에는 뉴런이라는 신경세포가 있고, 각각의 뉴런 속에는 다른 신경 세포와 연결할 수 있는 축색 종말이 있다. 축색 종말에서 다른 신경세포의 수상돌기로 전기신호를 전달하는데 이 틈을 시냅스라고 부른다. 지속적인 반복은 시냅스를 강하게 만든다. 즉, 반복하면 할수록 세포와 세포사이에 길을 만들지만, 반대로 사용하지 않는 부위는 점점 줄어들어 연결력이 약해진다. 처음 시작할 때는 아주 좁은 길이지만 계속 반복하다 보면 더 큰 길이 만들어진다. 반복된 자극의 여부에 따라 강화

되거나 축소되는 것이 우리의 뇌이다.

 단어를 알아보기 전에 질문을 하나 해보자. 사람의 뇌는 변할까, 아니면 평생 변하지 않을까? 처음부터 고정되어 있기 때문에 태어난 그대로일까, 아니면 마음먹은 대로 다른 자극에 의해 변할 수 있을까? 정답은 '변한다'이다. 사람의 뇌는 변한다. 단, 한계 이상의 힘을 받았을 때 비로소 변화가 시작된다. 이를 가소성(可塑性)이라 표현한다.
 가소성이란 '고체가 외부에서 탄성 한계 이상의 힘을 받아 형태가 바뀐 뒤 그 힘이 없어져도 본래의 모양으로 돌아가지 않는 성질'이다. 쉽게 말해서 어떤 물건을 강한 힘으로 눌렀을 때 형태가 변하고, 누르지 않더라도 변한 상태가 본래 모습으로 돌아가지 않은 상태다. 찰흙을 생각해 보면 처음 물렁물렁한 상태에서 힘을 주어 꾹꾹 눌러놓으면 새로운 모습으로 변한다. 이들 말리는 과정이 필요하고, 굳어지면 새로운 모양으로 고정된다.
 가소성은 영어로 'Plasticity'이다. 플라스틱은 열을 가하면 형태를 만들기 쉬운 재질이다. 주변에서 쓰이는 많은 플라스틱들을 볼 수 있다. 플라스틱은 쉽게 열에 의해 형태가 변하기 때문에 사용하기 용이하다. 사람의 뇌도 마찬가지로 열을 가하면 반드시 변하게 되어 있다.

 가소성의 가(可)는 '가능하다'의 뜻이다. 소(塑)란 흙을 빚는다는 뜻이다. 즉, 흙을 빚는 것이 가능하다는 말이다.
 흙 빚을 소(塑)를 분리하면 초하루라는 뜻의 삭(朔)과 흙을 의미하는 토(土)가 합쳐졌다. 초하루란 음력으로 매월 1일을 의미하며, 처음이라는 뜻도 있다. 처음으로 다시 돌아간 땅이다. 흙을 빚어 새롭게 토우(土

偶)로 만들어진 첫 번째 날이라고 해석할 수 있다. 어떤 흙이든 새롭게 변할 수 있고, 그것이 가능한 성질이라는 단어가 바로 가소성이다.

도자기를 만들 때, 흙을 물레에 올려 형태를 잡는 과정은 자극을 주는 단계이다. 그 후, 불에 구워서 단단하게 만드는 과정이 필요하다. 앞의 두 단계를 거쳐야 비로소 흙에서 도자기로 탄생하게 된다.
첫 번째 과정은 끊임없는 자극이 필요하다. 사람은 형상기억합금처럼 원래의 상태로 돌아가려는 성질이 있다. 이를 방지하기 위해 반복적인 자극으로 형태를 유지해야 한다. 인생에 반복이 없어서는 안 된다. 습관이 될 때까지 꾸준히 스스로를 다잡아야 한다.
두 번째는 열정과 노력이라는 '불'이 필요하다. 불이 없으면 단단해지지 않는다. 땀 흘려 움직이지 않으면 도자기가 되지 않는다. 늘 변화를 위해 움직이고 노력하고 애써야 한다.

뇌가 변한다는 사실을 깨달았다면, 이제 그에 열정과 노력으로 뇌를 변화시켜 나가면 된다. 세상에 고정된 재능은 없다. 오직, 어떤 화력과 힘을 가하느냐에 따라 달라지는 가소성의 뇌만이 존재할 뿐이다. 어떤 방향으로 나아갈지 설정하는 순간, 변화는 시작된다. 내가 어떤 형태로 변할지를 결정하는 것이 바로 변화의 출발점이다.

목표와 목적

 수많은 자기계발서에서 공통적으로 나오는 이야기가 바로 목표 설정이다. 성공한 사람들은 항상 목표를 설정하라는 말을 한다. 대체 왜들 그렇게 목표에 집중하라고 하는 것일까. 목표를 세우라는 이야기를 들을 때마다 연초에 세웠던 몇 가지 목표들이 머릿속에 스쳐 지나가지만 시간이 지나며 잘 떠오르지 않는다. 흐려진 목표를 갖고 1년이 흘러 다시 새로운 목표를 세우는 일만 반복한다. 대체 목표가 무엇이기에 죽을 때 이루지 못한 목표를 그리며 후회하는 것일까.
 목표란 지향하는 대상을 말한다. 달리기를 할 때 목표가 없으면 언제 멈출지 모른다. 어디가 끝인지 모르기에 힘을 내기 어렵다. 결승선이 보이면 전속력으로 달려가겠는데 마지막 결승선이 보이질 않으니 뭘 더 하기도 어렵다. 그러다 보면 힘이 남았는데 끝나기도 하고, 힘을 다 썼는데 끝이 보이지 않아 포기한다. 목표가 있으면 이런 일이 일어나지 않는다. 결승선을 알기에 신발도 고쳐 신고, 머리도 질끈 매고, 페이스 조절을 하며 나아간다.

목표를 영어로 'Goal'이라고 한다. 골대가 있어야 득점한다. 축구선수가 이기려면 골을 넣어야 한다. 수비만 잘한다고 해서 경기에서 승리할 수 없다. 결정적인 기회가 왔을 때 골을 넣어야 승리한다. 경기에서는 수많은 패스가 공격수에게 전달된다. 인생에서도 마찬가지다. 수많은 기회가 내 앞에 다가온다. 그 기회를 받아 골을 넣는 것, 목표를 이루는 것은 내 몫이다. 우리의 목표는 승리를 위함이다. 무엇에 대한 승리인가. 상황에 대한 승리이고, 나 자신에 대한 승리이다.

삶을 살아가며 수많은 경기에 참여하게 된다. 학교에서 하는 공부, 회사에서 하는 일, 가족과 함께하는 시간, 새로운 만남. 여러 가지 일들에서 목표를 설정하지 않는다는 건 골을 넣지 않겠다는 말과 같다. 평생 무승부만 하고 살 수는 없다. 승리하기 위해서 목표를 설정해야 한다.

목표의 목(目)은 눈을 뜻하는 글자로 안목이나 견해, 그루터기의 뜻이 있다. 아는 만큼 보인다는 말은 우리가 볼 수 있는 수준의 것만 볼 수 있다는 말이다. 성경을 읽은 사람에게 보이는 포도주와 주당에게 보이는 포도주는 다르다. 안목이라는 단어에 '주된 목표'라는 뜻이 있는 것도 내가 볼 수 있는 눈으로 중요하게 봐야 할 것만 바라봐야 한다는 뜻에서 나왔는지도 모른다.

표(標)는 표시하다, 나타내다, 우듬지의 뜻이 있다. 우듬지란 나무 꼭대기 줄기를 말한다. 즉, 목표란 나무 그루터기부터 우듬지까지를 의미한다. 우리가 세우는 목표는 차근차근 세워야 한다. 세 살 어린아이에게 100m 달리기를 목표로 설정할 수는 없다. 제대로 서는 법부터 목표로 세워야 한다. 그루터기부터 이루어야 그다음을 표시한다.

> '장기적인 열망을 작은 단위로 쪼갤 때, 평가도 계획도 보다 나아진다. 그래야만 현재 서 있는 곳에서 목적지까지 가는 길에 만나는 난관을 더 잘 이겨낼 수 있다. 발전 과정을 세세한 단위까지 추적하고 진척한 상황을 점검한다면, 자신의 열망에 책임을 지게 될 것이다.'[2]

목표는 작게 시작하고 꾸준히 이루어야 한다.

목표를 얼마나 많이 이루어냈는가에 따라 동기부여가 달라진다. 내면의 화롯불을 유지하기 위해서는 장작이 필요하다. 장작은 목표달성으로 만들어진다. 오늘 하나의 목표를 이루었다면 오늘의 상삭을 쌓은 것이고, 두 개 이루었다면 두 개의 장작을 쌓은 것이다. 작은 목표는 작은 나뭇가지가 되고, 큰 목표는 큰 장작이 된다.

인생에 사계절이 있듯이 내면에도 사계절이 있다. 내면은 봄처럼 푸근할 때도 있고 여름처럼 열이 받을 때도 있다. 가을처럼 수확하여 여유로울 때도 있고 겨울처럼 싸늘하여 아무것도 구할 수 없을 때가 있다. 따뜻할 때는 장작이 필요 없지만 겨울에는 땔감이 반드시 필요하다. 목표달성을 통해 만든 장작을 보관하지 않는다면 겨울을 따뜻하게 보낼 수 없다.

목표는 지속적으로 이루어야 한다. 우리는 나무꾼이어야 한다. 하나의 나무를 다 완성하여 장작으로 만들면 다음 나무를 선정하여 다시 벌목을 시작해야 한다.

목표와 목적을 헷갈려 할 때가 많다. 목적은 나아가는 방향이다. 목적은 그 길로 왜 나아가는지를 묻는 것이다. 누군가 나의 목적을 묻는다면 내 삶의 방향이 어디인지를 묻는 것이다. 나의 방향은 정당하고 마땅하고 올바르고 이치에 맞고 합리적인가? 이런 질문에 대해 답할 수 있을 때 우리는 인생에 목적이 있다고 말한다.

히틀러는 스스로가 국민을 위했다고 생각했다. 세종대왕도 백성을 위해 살았다. 둘 모두 국민을 위한다는 목적을 가졌지만 히틀러는 유대인 말살이라는 목표로 그 방향의 끝은 파멸이었다. 세종대왕은 나라의 말이 중국과 다르기에 백성들이 어려움을 겪는 것을 보고 한글을 창제하셨다. 세종대왕이 백성을 위하는 목적의 끝에는 백성의 행복이 있었다. 목적이 올바른지를 물어야 한다. 내가 왜 이 일을 하는가? 그 일이 정당한가?

목적의 적(的)은 과녁을 말한다. 활을 쏠 때 과녁이 없으면 활을 쏘는 의미가 없다. 시위에서 벗어난 활이 맞출 곳이 없다면 그 화살은 누구를 쏠지 모르는 위험성을 가진다. 과녁 없는 화살, 목표 없는 삶이란 같은 맥락이다. 과녁이 없는 활쏘기는 무차별 사격이다. 활은 양궁장에서 스포츠가 되지만, 전쟁터에서는 무기가 된다. 과녁에 따라, 목적에 따라 결과가 달라진다. 어떤 목표를 갖고 살며, 어떤 목적으로 결과를 만들어 낼 것인가.

목적은 정당해야 하며, 목표는 넓고 깊게 확장되어야 한다. 정당한 목적이 올바른 삶을 이끌고, 확장된 목표는 거목처럼 흔들림 없이 성장하게 한다. 그러니 목표를 세울 때, 그 근본이 되는 목적을 절대 잊지 말아야 한다.

자신

세상에서 가장 중요한 사람은 나 자신이다. 나를 중요하게 여기지 않으면 누구를 중요하게 여겨야 할까. 나 자신을 아끼고 돌보고 살피며 살아야 한다.

자신에는 세 가지 뜻이 있다. 첫째, 자신(自身)이라는 내 몸이다. 나 스스로를 말한다. 자신을 아끼라는 말은 나 스스로를 아끼라는 뜻이다. 자(自)는 스스로의 뜻이다. 스스로를 말미암아 행동해야 한다. 내가 하는 모든 일은 내가 하고자 한 일이다. 내가 하지 못한 일은 내가 하지 않고자 한 일이다. 내가 하는 행동의 근본에는 내가 있다.

자신이 할 수 없다고 생각하고 있는 동안 그것은 하기 싫다고 다짐하고 있는 것이다. 그러므로 그것은 실행되지 않는다. 스피노자의 조언이다. 왜 실패했는가. 내가 할 수 없다고 다짐했기 때문이다. 내게 그런 생각이 없었다고 항변할지는 모르겠으나 내 마음 깊숙한 곳에서는 실패를 바랐다. 그래서 실행되지 않은 것이다.

　심리학에는 인지부조화라는 개념이 있다. 예를 들어 '커피를 끊어야겠다'는 생각과 '실제로 커피를 마시고 싶어서 마시는' 행동 간에 갈등이 있을 때, 행동을 바꾸기는 어려우니 '매일 마신 것도 아니고. 지금 당장 해야 할 일이 있으니까 어쩔 수 없는 일이야. 집중해야 하잖아' 같이 내 생각을 조정하는 방향으로 움직인다. 행동을 바꾸는 것보다는 생각을 바꾸는 것이 더 쉽기에 부조화가 일어나지 않는 방향으로 적당히 타협한다. 이런 타협을 멈춰야 한다.

　자신(自身)은 내 몸을 아끼라는 말도 된다.

> '사람은 역할이 주어져야 자존감이 생기고 자존감이 생겨야 적극성, 능동성이 생긴다. 그런데 역할은 명확하고 사회적 합의가 되어 있어야 자존감의 뿌리가 될 수 있다. 역할이 명확할 때는 꾸준함이 역할을 자존감으로 이어주는 통로가 된다.'[3]

　내 몸이 역할을 부여받으면 자신감이 생긴다. 내가 부여받은 보직이 없으면 어떤 일도 하기 어렵다. 누군가의 가족이든, 직장에서의 직급이든, 어떤 위치에서든지 상관없이 부여받은 역할로 자존감을 만든다. 노느니 염불한다. 부여받은 보직이 없다면 내 스스로 보직을 만든다. 내가 나 자신의 역할을 정의 내리면 된다. 나는 내가 정의 내린 사람이기 때문이다.

둘째, 자신(自信)이다. 어떤 일을 해낼 수 있다고 스스로 굳게 믿는다. 자신감이 있는 사람은 스스로를 잃지 않고 믿는다. 반드시 그렇게 되리라 의심하지 않는다. 스스로가 기필코 성공할 수 있다고 믿는 사람과 성공할 수 없다고 믿는 사람 사이에는 절대적인 차이가 자리한다. 한 사람은 기차에 계속 석탄을 넣고 있고 다른 사람은 넣었다 뺐다 하고 있다. 하루는 자신을 믿는다고 응원하다 다음 날 채찍질하며 자학한다. 어떤 기차가 목적지에 먼저 도달할지는 당연한 결과다.

> '자기 자신을 하찮은 사람으로 취급하지 마라. 그런 태도는 자신의 행동과 사고를 옭아매게 한다. 어떤 일을 하더라도 자기 자신을 사랑한다는 것에서 시작하라. 지금까지 살아오면서 아직 아무것도 이루지 못하였더라도 자신을 항상 존엄한 인간으로 사랑하고 존경해야 한다.'[4]

니체가 한 말이다. 내가 나를 존엄하게 여기지 않으면 누가 나를 존엄하게 여기겠는가. 스스로를 하찮게 여기지 말 것. 그것이 자기를 믿는 방법이다.

반대로 자신이 과하면 독이 된다. 거북이는 느리지만 스스로를 믿었기에 결승전에 도달했다. 자신만만했던 토끼는 자신을 너무 믿어서 결승전에 도달하지 못했다. 가끔 이런 과한 자신감이 자만이 된다. 기차에 석탄을 한도 이상으로 넣으면 폭주 기관차가 되어 대형사고가 발생한다. 적절한 조정이 필요하다.

셋째, 자신(自新)이다. 자신이란 '제 스스로 지난 허물을 뉘우쳐 깨달고 새로운 길로 들어선다'는 뜻이다. 스스로의 잘못을 되돌아보며 바로잡아 새로운 길로 들어선다. 잘못된 목적지로 간 기차의 행선지를 다시 설정하여 궤도로 돌아와야 한다.

 삶을 반성하며 살아야 하는 이유는 내가 가진 관점이 제대로 작동되었는지를 묻기 위함이다. 피드백 과정이 없는 전진은 언제든지 낭떠러지 아래로 떨어질 준비를 하는 삶이다. 자동차에 가속 페달만 있고 브레이크 페달이 없으면 이 세상 자동차는 탱크밖에 남지 않는다. 내 브레이크 기능을 정비하는 시간이 필요하다. 스스로의 부족을 하는 것은 새로움을 위한 과정이다.

 다만 반성이 자책이 되어서는 안 된다. 반성(反省)의 성(省)은 살펴서 깨닫고, 깨달은 점을 기억해 잊지 말라는 뜻이다. 반성은 내 부족함만 살피지 않는다. 내가 잘한 점도 함께 찾아야 한다. 매일 잘못한 점만 찾는 것 자체가 스스로를 학대하는 일이다. 이렇게 학대의 방식으로 반성을 한다면, 하루만 하더라도 하기가 싫어진다. 되돌아보며 잘한 점, 부족한 점, 개선할 점 모두를 찾아야 한다.

 최종 단계는 새로운 길로 들어서야 한다. 신(新)이라는 새로움은 나무(木) 위에 서서(立) 도끼(斤)를 들고 어떤 나무를 목표로 삼을지 생각하는 일이다. 새로운 마음으로 다시 처음 시작하면 된다.

 자신 있게 살기 위해서는 내가 하는 모든 일의 근본은 내게 있으며, 스스로를 굳게 믿고 흔들리지 않을 때 가능하다. 자발성과 견고한 믿음을 바탕으로 늘 새로워진다. 이를 자신답게 산다고 말한다.

 세 가지 자신이 가능한 사람은 스스로 존재해도 괜찮다고 여긴다. 자신감이 모여 자존감이 되고, 자존감이 이어져 자발성이 생기고, 자발성이 이어져 능동적이고 긍정적이 되고 이 두 요소가 모여 적극성이 된다. 삶에 적극적이고 싶다면 스스로부터 믿고 새롭게 하고 아껴야 한다.

기준

사람에게는 기준이 필요하다. 중심축이 없는 저울이 무게를 제대로 측정할 수 없듯, 인생도 마찬가지다. 기준이라는 중심이 없다면 인생 자체를 측정하기 어렵다.

'일단 내가 살아가는 기준을 갖는 것이 제일 중요하다. 자신의 타고난 기질과 성향이 어느 방향으로 향하는지 이해하고, 나는 무엇을 기준 삼아 살아갈 것인지 정확하게 아는 것이 굉장히 중요하다.'[5]

나는 어떤 기준을 가지고 살아가고 있는가? 어떤 기준으로 살고 싶은가? 그렇다면 앞으로 어떻게 살아갈 것인가? 인생의 롤모델이 중요한 이유도 바로 여기에 있다. 롤모델은 내가 설정한 기준에 맞춰 앞으로의 삶을 이끌어 주기 때문이다.

　기준은 기본이 되는 표준이다. 기준을 세우려면 기본이 필요하고, 그 기본을 정하기 위해서는 명확한 표준이 먼저 마련되어야 한다.
　기준은 흔들리지 않는 기본 위에 세워진다. 기본이란 바탕이다. 뼈대나 틀을 이루는 부분이 바탕이다. 바탕은 내 바닥을 이루어 내딛는 발걸음을 견디어낸다. 바탕이 없다는 말은 바닥이 없다는 말과 같다. 바닥이 없으면 어떤 건물도 세울 수 없다. 기준이란 그런 바닥이 되는 표준이 있어야 한다는 말이다.
　표준이란 무엇인가. 무언가를 알기 위한 근거를 말한다. 표(標)에는 기록하다는 뜻이 있다. 일반적으로 어떤 일을 할 때 만들고 기록한 규칙을 말한다. 일을 할 때 매뉴얼을 만들기도 하는데 이것이 바로 표준이다. 어떻게 일해야 하는지 경험과 지식을 통해 표순을 만들면 누가 오든지 상관없이 이 일을 했을 때 표준에 맞게 해낸다. 표준이 정립되면 낯선 일도 빠르고 쉽게 적응하여 해낸다.
　인생 전반에 걸쳐 나만의 조리법을 정해놓아야 한다. 상대방이 요리를 내 조리법과 비슷하게 하면 내가 세운 기준에 부합하고, 조리법에 어긋나면 내 기준과 맞지 않는다. 기준이 다른 사람과 굳이 나서서 함께할 필요는 없다. 함께할 사람에 대한 기준을 정해보자.

　각자 여러 분야에 대한 기준이 존재한다. 사람을 보는 기준, 일을 대하는 기준, 결혼하는 사람에 대한 기준, 부모에 대한 기준 등이 존재한다. 이 기준은 살아가면서 배우고, 경험하고, 체험하는 등 여러 조건에 의해 형성된다.

불행한 소식은 높은 가치의 기준을 갖기는 한없이 어렵다. 물론 희망적인 소식은 그 기준은 내가 정할 수 있다. 한 번 좋은 경험을 했다고 기준이 급격하게 변하지 않는다. 기준이라는 막대기에 한 번의 망치질을 했을 뿐이다. 그럼에도 불구하고 새로운 기준을 세우기 위해 유사한 경험을 지속적으로 행한다면 끝내 내가 이루고자 한 기준을 땅속 깊숙하게 심을 수 있다.

깊숙하다는 뜻의 심(甚)과 기본이라는 뜻의 기(基)는 비슷하게 생겼다. 두 글자 모두 기(其)라는 그릇이 들어있다. 깊다는 단어에는 숨긴다(ㄴ)는 글자가 들어있다. 항아리를 땅속 깊숙하게 심어 보이지 않게 만든다. 기본의 기(基)는 땅(土) 위에 그릇(其)을 두어 언제든 담을 수 있는 준비가 된 상태를 말한다.

우리의 터가 되는 항아리에 좋은 것만을 담아 깊숙하게 숨겨야 한다. 누가 와서 훔치거나 흔들지 않도록 깊숙하게 숨겼을 때 기준은 온전히 내 속에서 작동한다.

'Standard'는 일반적이라는 뜻과 기준이라는 뜻이 있다. 'Stand'란 태도를 말한다. 내 일반적인 태도가 기준이 되고 표준이 된다. 전체에 두루 해당되는 태도가 내 기준이 된다.

이를 반대로 말하면 전체의 수준에 따라 내 태도가 달라질 수도 있다. 이는 깊숙하게 숨겨놓은 항아리를 상황에 따라 수시로 옮긴다는 말이다. 'Stand'에 저항의 뜻이 있는 이유는 이러한 일반성에 대한 저항이다. 남들의 기준에 맞춰 살지 말고 내가 세운 기준에 맞게 살아가야 한다. 때로는 그것이 세상에 대한 저항이 될 수도 있지만 말이다.

'우리는 모두 살아오면서 나름대로 사물을 판단하는 방식을 가지고 있습니다. 이런 방식은 대체로 특정한 시대나 문화가 가지고 있는 가치관에 의해 좌우될 가능성이 많습니다. 그래서 개인적인 판단이나 관점이라고 여기지만, 많은 부분은 시대적인 가치관에 의해 좌우될 가능성이 많답니다. 이를 프랑스 철학자 푸코는 에피스테메라고 불렀습니다.'[6]

세상의 기준이 폭력이라고 해서 내 기준이 폭력이 되어서는 안 된다. 세상의 기준이 내 기준이 아니다. 일반(一般)은 보통이라고 해석하지만 오직 하나의 모양이라는 말도 있다. 오직 나만의 모양으로 사는 것이 일반적인 삶이기도 하다. 그러니 우직하게 나만의 길을 걸어가도 괜찮다.

주의해야 할 점은 하나 있다. 나만의 기준이 고집과 독선으로 빠지면 안 된다. 독선이란 자기 자신을 속이고 있다는 사실을 모를 때 일어난다.

'자기만이 옳다고 말하는 자는 그 마음이 거칠고 기운이 떠 있기 때문입니다.'[7]

내 기준이 절대적이라는 착각과 내가 아는 일이 세상 전부에 적용된다는 생각에서 비롯된다. 내 생각을 신처럼 모시는 사람이다. 독선적으로 변해서는 안 된다.

우직하게 걸어가는 과정에서 가져야 하는 생각은 내가 가진 기준이 남들과 다를 수도 있다는 생각이다. 내가 다를 수도 있고, 틀릴 수도 있다. 남들과 다르기에 타인의 기준을 존중하고, 내가 틀릴 수도 있기에 언제든지 수용하여 바로잡아야 한다. 간장 항아리를 뜨거운 모래에다 심어놓고 기다리면 되겠는가.

'자기가 설정한 자기의 틀에 자신을 가두면 그릇이 된다. 그것도 한 가지 용도로만 쓰이는 그릇이 된다. 남이 나를 무시하는 것은 남의 탓이 아니라 내가 나를 도구라고 규정지었기 때문이다.'[8]

늘 절대적인 진리는 없다. 흔들리지 않는 기준이 필요하지만, 잘못된 기준으로 독선적인 사람이 되어서도 안 된다.

기준을 갖는 데 있어 알아야 할 점은 절대 기준을 낮추면 안 된다는 것이다. '이 정도면 괜찮겠지.'라는 생각이 내 기준을 낮춘다. 기준을 낮추는 순간 한없이 낮아진다. 스티브 잡스의 아버지가 스티브 잡스와 함께 울타리 도색을 하고 있었다. 아버지는 스티브 잡스에게 마당 뒤쪽에 있는 울타리의 안쪽까지 모두 칠하라고 가르쳤다. 보이지 않는 곳까지 정성을 다하는 일, 그것이 스티브 잡스에게 기준이 되었고, 그 기준이 일생동안의 세심함을 만들었다.

기준을 높이기는 한없이 어렵다. 내가 보고 겪은 일들에 의해 내 기준이 정립되었기 때문이다. 본대로 살아가고 본대로 기준을 설정한다. 그러니 얼마나 보는 것이 중요한가. 잘 보고 살아야 한다. 좋은 것만 느끼고 보고 살아야 한다. 아니라면 좋은 것으로 해석해야 한다. 나쁜 것을 보더라도 저렇게 하면 안 된다는 명확한 해석이 된 다음 이를 내 재료로 활용하면 기준이 된다. 늘 배움을 멈추지 말아야 하는 이유다.

기준을 확립하기 위해선 늘 깨어있어야 한다. 깨어있으라는 말은 잠을 자지 말라는 말이 아니다. 공상에서 벗어나고, 과거에 취하지 않고, 내 눈앞에 있는 현상이나 관계 같은 일들을 잘 가려내라는 말이다. 가려내기 위해 기준이 필요하고, 기준을 알기 위해 많이 듣고 경험하며 배워야 한다. 다양한 기준이 있음을 깨닫고 다양한 환경에 다르게 적용될 수 있음을 깨닫는다. 다양성 속에서 비교하고 다듬고 재보며 나만의 기준을 확립한다.

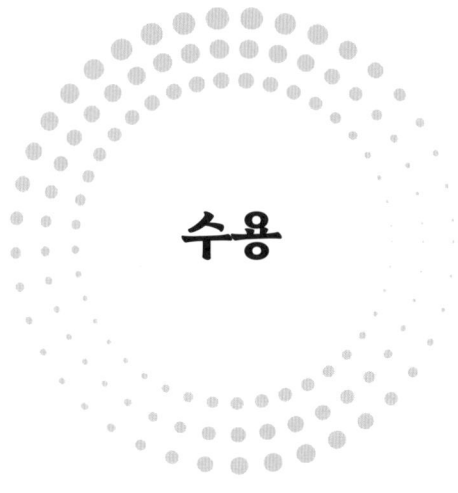

수용

  수용이란 어떠한 것을 받아들인다는 말이다. 수용력이 있는 사람은 모두를 잘 받아들인다. 그릇이 크기 때문에 나와 다른 것을 인정하고 용납하고 이해한다.

  수(受)란 받다, 거두어들이다, 받아들이다, 이어받다의 뜻이다. 손톱(爪)처럼 세심하게 덮여 있는(冖) 것을 손으로(又) 열어 거두어들인다. 아주 세심한 작업이다. 무언가를 받을 때 두 손으로 공손하게 받아야 주는 사람의 기분이 나쁘지 않다.

  모든 일은 자작자수(自作自受)다. 자기가 지은 것은 자기가 받는다. 자기가 뿌린 씨는 자기가 거둔다. 뿌린 것을 받을 때는 겸손하고 너그럽게 받아들여야 한다.

용(容)이란 얼굴, 받아들이다, 용납하다의 뜻이다. 우리는 사람과 마주할 때 얼굴을 본다. 얼굴을 통해 감정을 이해하고 말을 하며 듣는다. 얼굴이 없으면 인간관계는 시작조차 불가능하다. 직면하다라는 말에 얼굴 면(面)이라는 단어를 쓰는 것에서 알 수 있다.

집(宀)에 있는 골짜기(谷)이다. 얼굴은 그릇과 같다. 무언가를 받아들이는 일은 얼굴에서 시작한다. 얼굴에 있는 눈, 귀, 코, 입 모두 받아들인다. 눈은 세상을 담고, 귀는 소리를 담고, 코는 향기를 담고, 입은 음식을 담는다. 얼굴에 있는 모든 부위의 역할은 수용이다. 그래서 수용이란 막혀 있는 모든 것들을 세심하게 열어 손을 모아 편안하게 받아들인다는 말이다.

수용은 받아들인다는 의미 외에도 다양한 동음이의어가 존재한다. 먼저 수용(收容)은 난민이나 범법자들을 일정한 장소에 모아놓는 일이다. 먼저 일정한 장소에 보관해야 한다. 보관해놓은 다음 골라서 담거나 버리는 작업을 한다. 내 그릇이 완성되었는지를 물어야 한다. 우선 좋은 것이든 나쁜 것이든 다 모아둔 다음 필요에 따라 써야 한다. 이를 수용(收用)이라 한다.

수용(收用)은 거두어들인 후 쓰는 일이다. 수확하여 활용한다. 밭에 어떤 작물이 열리든 우선 수확해서 밥상에 올리면 잘 먹을 수 있다. 거두어들인 것에 적합한 방식으로 요리를 하면 된다. 거두어들인 작물에 대한 요리는 요리사의 몫이다. 요리사의 능력에 따라 맛있게 만들면 된다. 받은 다음 좋은 것만 써야 한다.

수용(需用)은 사물을 꼭 필요한 곳에 쓰는 일이다. 모아둔 것을 잘 요리해서 원하는 음식을 식탁에 올려야 한다. 받아들이고 무관심하면 안 된다. 그에 대한 활용이 지속적으로 필요하다.

물론 우리는 수용(愁容)을 가져야 한다. 근심스러운 얼굴빛이 필요하다. 나쁜 것들에 의해 혹여나 우리들의 좋은 물건들이 물들 수 있기 때문이다. 내 바구니에 썩은 달걀을 오랫동안 담아두면 안 된다.

수용의 단계는 첫째가 인정, 둘째가 용납, 셋째가 이해이다. 인정은 그 사람이나 말과는 상관없이 우선 그렇다고 여기는 마음이다. 용납은 그렇다고 여긴 것에 대해 너그러운 마음으로 받아들인다. 마지막 단계인 이해에서는 상대에 대한 전반적인 부분을 잘 헤아리고 해석하여 상황적인 요인 등 다방면으로 고려한다.

수용은 무언가를 받아들여 잘 모아두는 모습이다. 모아둔 물건 중 내가 필요한 것만 골라서 잘 수용하면 된다. 물론 나쁜 것은 잘 가려내야 한다. 모든 것을 받는 일이 인정이라면 잘 모아두는 것이 용납이고, 돌을 골라내는 것이 바로 이해다.

자유

자유를 꿈꾸지 않는 사람이 있을까. 억압을 좋아하는 사람이 있을까. 자유로운 세상, 자유로운 삶을 얻고 싶지 않은 사람은 없다. 군대가 힘든 이유는 내 자유보다 집단의 규칙이 우선되어야 하기 때문이다. 쉽지 않은 낯선 환경에서 단체생활과 규칙이 우선시되기에 적응에 어려움을 겪는다.

자유란 무엇인가. 첫 번째 조건으로 외부의 구속에 얽매이지 않고 자기 마음대로 할 수 있는 상태이어야 한다. 자유를 누리고자 한다면 첫 번째로 타인, 사회에 간섭을 받지 않아야 한다. 누군가 내 행동이나 의사를 제한하지 말아야 한다. 첫 번째 조건부터 난관이다. 세상을 살아가는 것 자체가 내 행동을 제한받는 일이다. 국가의 법이 제한하고, 문화가 제한하고, 집단의 눈치가 제한하고, 누군가의 바람이 제한하고, 책임이 제한한다. 어머니 뱃속에 있을 때부터 우리의 자유는 제한받았다.

자유는 사회의 객관적 필연성을 인식하고 이것을 활용해야 한다. 쉽게 말하면 내가 하는 모든 행동들은 사회의 구조와 규칙에 의해 영향을 받는다. 이 사실을 잊으면 안 된다. 자유롭다고 생각하지만 실제로는 다양한 조건들에 영향 받는다.

이런 많은 구속 사이에서 어떻게 자유를 얻을 수 있는가. 앞에서 말한 첫 번째 조건에 '법률의 범위 안에서'라는 수식어가 붙어야 한다. 타인의 자유를 침해하는 행위를 할 때 자유는 제재된다. 내가 하고 싶은 일이 있는데, 그 일이 법률적으로 혹은 사회, 문화적으로 맞지 않다면 그만두어야 한다. 이 행동에 자유를 논하기는 어렵다.

자유를 얻으면 동시에 불안이 찾아온다. 사람은 정작 자유가 주어지면 무엇을 해야 할지 모른다. 에리히 프롬은《자유로부터의 도피》에서 자유에 대해 논했다. 농노에서 벗어나 자유를 얻은 이들은 새롭게 얻은 자유가 어색하고 불편하고 두려워 의존과 복종으로 돌아간다. 불안을 견디는 힘이 필요하다. 남들이 시키는 대로 하면 편하다. 생각하지도 않고, 책임도 지지 않고, 하라는 대로 하는데 어떻게 편하지 않을 수 있는가. 대신 평생을 톱니바퀴처럼 기계를 돌리는 부품으로 살아간다.

꼭두각시 인형의 실이 풀리면 스스로 움직이지 못한다. 움직이는 인형은 피노키오다. 제페토 할아버지의 간절한 염원과 피노키오가 자유로워지고 싶었던 내면의 마음이 합쳐졌을 때 자유를 얻었다. 누군가의 지시로 인해 평생 살아가는 사람은 실을 달고 사는 것이다. 평생을 꼭두각시 인형처럼 살다 죽는 경우도 많다. 진정 내가 실을 달고 있는지 아닌지를 물어야 한다.

바보가 되는 이유가 무엇인가. 생각하지 않고 시키는 것만 해서 그렇다. 2차 세계대전이 끝나고 독일군에게 왜 그런 살상을 저질렀는지 물었을 때 그저 시킨 일을 했다는 대답이 많았다. 생각하지 않고 내 자유를 상대에게 넘겼기에 책임도 넘어간 줄 착각한다. 하지만 내가 하는 모든 행동의 책임은 내가 짊어져야 한다. 누구도 대신 짊어질 수 없다. 생각하지 않으면 자유를 얻지 못한다. 자유롭고 싶은 인간이기에 생각을 멈추지 않는다. '나는 생각한다. 고로 존재한다.'고 말한 이유도 자유가 곧 존재로 직결되기 때문이다.

자유의 두 번째 조건, 모든 일이 스스로부터 말미암아야 한다. 내가 하는 행동에 자발성이 있어야 한다. 스스로가 원인이 되고 이유가 된다. 왜 그렇게 행동했는가에 대한 대답은 내가 원했기 때문이다. 억지로 하는 모든 일은 자발적으로 자유롭게 하는 일보다 성과나 재미, 습득하는 능력 등 전반에 걸쳐 떨어진다.

말미암는다는 말 중 '말미'란 어떤 일에 매인 사람이 다른 일에 손을 댈 수 있는 시간이다. 틈이 날 때가 곧 자유다. '언제 자유로운 시간을 얻을 수 있을까.'라는 생각으로는 자유를 얻을 수 없다. 내가 하고 있는 일 말고 다른 일을 할 때 비로소 내게 자유가 주어진다. 이는 내가 만들어내는 시간이다. 규칙에 의해, 주어진 과업에 의해 자유롭지 못한 시간에서 벗어나 내가 하고 싶은 일을 할 시간을 늘려갈 때 우리는 자유를 늘려간다 말한다. 주어진 말미를 어떻게 쓰는가에 따라 자유의 길이가 달라진다.

자유는 결코 홀로 얻지 못하며, 관계 속에서 만들어진다. 이는 우리의 단어 속에서도 알 수 있다. 스스로를 의미하는 단어에는 스스로 자(自)와 홀로 독(獨)이 있으며, 두 단어는 서로 교차되어 쓰이곤 한다. 자존이란 스스로 존중받아 마땅하다는 말이다. 독존이란 홀로 존귀하다는 말이다. 자립이란 스스로 우뚝 선다는 말이다. 독립이란 홀로 선다는 말이다.

하지만 독유라는 표현을 들어본 적 있는가? 자유는 스스로 얻을 수 있는 것이지만, 결코 홀로 얻지는 못하기에 독유라고 표현하지 않는다. 이렇듯, 자유는 관계 속에서, 사회 속에서, 세상 속에서 스스로 바로 섰을 때 만들어진다. 혼자 살더라도 자유롭지 않을 수 있다는 사실을 잊지 말자.

인생에는 중요한 일이 많다. 어떤 일의 우선순위를 정할 때 중요한 일과 긴급한 일을 기준으로 하여 결정을 내린다. 내게 중요한 일이 무엇인지 모른다면 한정된 시간 속에서 일을 효율적으로 할 수 없다. 모든 일이 중요하겠지만, 그중에서 경중을 따져야 한다.

인간관계의 필독서라고 여겨지는 《인간관계론》을 쓴 앤드류 카네기는 사람을 중요하게 여겨야 한다고 말했다. 어떻게 하는 것이 사람을 중요하게 여기는 것일까. 중요하다는 건 귀하고 내게 꼭 필요한 것이다.

'Important'라는 단어를 보면 중요가 무엇인지 알 수 있다. 'Import'는 수입하다는 뜻이다. 'Port'가 항구이고, 'Im'은 안을 뜻한다. 항구 안으로 들어오는 모습이다. 수입품은 주변에서 늘 살 수 있는 물품이 아니다. 옛날에는 바나나 하나도 귀했던 시절이었다. 수입품이던 바나나를 조금씩 나눠서 먹을 정도였다. 열대과일인 망고도 마찬가지로 귀한 과일이었다. 그러다 보니 새롭게 항구로 들어오는 물품들은 소중하고 귀하다. 수입품은 내가 갖고 있지 않던 물건을 얻을 수 있는 기회다. 사람을 중요하게 여긴다면 상대방이 내가 갖고 있지 않은 다른 귀한 물건을 갖고 있는 것처럼 여겨야 한다.

귀하다고만 해서 중요하다고 하지 않는다. 망고가 귀하지만 내가 필요한 과일인지는 생각해 봐야 한다. 망고 대신 다른 과일을 먹어도 괜찮다면 중요한 과일이라 말하기 어렵다. 수입품이 들어오더라도 내게 필요한 물건인가를 고민해 보자. 한정된 예산을 갖고 사려면 내가 요긴하게 쓸 물건만 선택해야 한다.

중요하다는 것은 첫째가 귀하고 소중한 것이고, 둘째가 꼭 필요한 것이다. 이 두 가지를 갖고 세상을 대해야 한다. 지금 가장 중요한 사람은 내 눈앞에 있는 사람이다. 내 앞에 있는 사람을 세상에서 가장 귀하고 소중한 사람처럼 생각하고, 내게 꼭 필요한 사람이라고 생각해 보면 상대를 대하는 태도가 달라진다.

삼인행필유아사(三人行必有我師)라는 말이 있다. '세 사람이 함께 길을 가면 거기에는 반드시 나의 스승이 있다'라는 논어의 구절처럼, 지금 내 눈앞에 있는 사람은 모두 중요한 사람일 수 있다. 여기서 나오는 세 사람은 나보다 나은 사람, 나보다 못한 사람, 그리고 나와 비슷한 사람이다. 우리는 자신보다 나은 사람에게서 좋은 점을 배워야 하고, 자신보다 못한 사람에게서 부족한 점을 보고 타산지석 삼아야 한다. 나와 비슷한 사람을 보면 과연 자신은 그렇게 하고 있지 않은지를 비추어 보아야 한다. 그렇기에 내가 만나는 모든 이들이 내 스승이고 중요한 사람이 된다.

'Significant'도 중요하다는 뜻이다. 'Sign'은 표시를 의미하고 'Fic'은 만든다는 뜻이 있다. 합치면 표시를 만든다는 뜻이다. 중요한 곳에는 항상 표시해야 한다. 눈에 띄게 해야 중요하게 여겨진다. 메일을 받을 때 중요 표시가 있으면 다른 일반 메일과는 다르게 확인하다. 먹고 싶은 음식에 왜 침을 발라 놓는다고 하는가. 중요하기 때문에 침을 바르고 점을 찍는다. 말만 중요하다고 할 수는 없으며, 행동이 뒤따라야 한다. 리본을 달거나 형광펜으로 칠하거나 선물을 주는 등의 방법으로 중요함을 나타내야 한다.

무엇을 중요하게 여겨야 하는가. 항구에 새롭게 들어오는 낯선 이가 중요하다. 내가 가진 문화와 새롭게 들어오는 문화의 충돌로 전혀 다른 무언가가 창발한다. 흔하지 않은 일이 일어나면 앞으로 일어날 중요한 일의 시발점으로 여겨야 한다. 모든 변화를 중요하게 봐야 한다.

스승은 인생의 길을 제시해 준다. 협력은 한 마음으로 합쳐 함께 나아가는 삶이다. 함께 배우고 성장하기 위해서는 신뢰가 바탕이 되어야 한다. 신뢰를 통해 단단해지는 관계를 만든다.

관계에 있어 기초는 양육이다. 어떻게 양육하고, 양육받았는가에 따라 삶이 달라진다. 물론 그 과정에서 설득과 이해가 필요하다.

설득은 강요가 아닌 마음을 움직이는 힘이며, 이해는 서로의 다름을 인정하고 받아들이는 태도이다. 사랑은 이 모든 관계의 중심에 자리하여, 어울림과 아우름을 만들어 낸다.

어울림은 함께 존재하는 조화이고, 아우름은 서로를 품어 안는 넉넉함이다. 스승과 제자, 그리고 동료 사이에서 이러한 가치들이 자라날 때 진정한 배움과 성장의 길이 열린다.

2장.

관계와 사회

스승
협력
신뢰
양육
설득
이해
사랑
어울림과 아우름

스승

스승의 은혜는 하늘 같아서 우러러볼수록 높아만 진다. 스승의 날인 5월 15일은 한글을 창제하신 세종대왕의 탄신에서 유래되었다. 세종대왕이 없었다면 지금 이렇게 한글로 된 책을 쓰지도, 읽지도 못했기에 온 백성에게 가르침을 주신 그 은혜를 기리기 위해 만들어졌다.

선생님과 스승님의 두 단어가 존재한다. 선생님은 먼저(先) 살아온 (生) 분이다. 나보다 많은 경험과 지식을 쌓아 전수할 수 있는 수준의 사람이다. 1년 먼저 태어난 아이가 형, 오빠, 언니, 누나로 불리는 이유도 먼저 세상에 나왔기 때문이다. 먼저 나온 이들은 뒤따르는 이들을 돌볼 책임이 주어진다. 기러기들이 무리를 지어 따뜻한 곳으로 이동할 때 V 대형으로 날아간다. 편대 비행의 선두에 있는 리더 기러기의 날갯짓으로 공기의 흐름을 만들어 내는데, 이 흐름을 탄 뒤쪽 기러기들의 에너지 소비가 70% 정도로 낮아진다. 마라토너들이 달릴 때 선두로 달리는 사람 뒤에서 뛰는 것도 같은 이유다. 앞서가는 이를 응원해야 하는 이유는 모진 바람을 홀로 맞고 있기 때문이다.

스승은 나를 가르쳐서 인도하는 분이다. 선생은 먼저 살아왔지만 스승에게는 가르침과 인도의 의무가 전제된다. 잘못된 버릇을 고치게 하시고, 모르는 일을 일러주시고, 사람이 가야 할 바른길을 일깨워주시고, 이치를 깨닫게 하여 익숙하게 만드신다. 타이르고, 바로잡고, 훈육하고, 강의하고, 깨우치며 잘 이끌어 안내한다.

사부(師傅)님이라는 호칭을 부르기도 한다. 흙무더기를 열심히 쌓아 언덕(自)을 이루어 낸(帀) 모습이 스승이다. 우공이산(愚公移山)이라는 사자성어에서 배워야 할 점은 아무리 부족한 사람이라도 꾸준함을 갖고 끊임없이 노력한다면 산을 만들어 낼 수도 있다는 말이다. 스승은 이러한 꾸준함과 한결같음으로 나만의 언덕을 만들어 내는 사람이다. 언덕에 서서 새로운 세상을 알려줄 수 있는 사람이 스승이다. 언덕 위에 있기에 어디로 가야 할지에 대한 길을 제시한다.

사(師)라는 글자에는 사자의 뜻도 있다. 사자는 위엄을 갖고 있다. 스승에게 위엄이 없으면 안 된다. 사자는 사자후라는 모든 짐승들이 두려워하는 힘을 갖고 있다. 스승에게는 확신이 있어야 한다. 강력하고 확신에 찬 가르침이어야 듣는 이를 깨우칠 수 있다. 내가 확신이 없는데 어떻게 상대방에게 설명을 할 수 있을까.

부(傅)는 사람(亻)을 넓게 펴는(尃) 일이다. 생각만 하고 행동하지 않거나, 생각 없이 행동하는 사람은 가르침이 곳곳에 퍼지지 않은 사람이다. 원형반죽을 밀대로 균등하게 펴야 잘 익은 빵이 되는 것처럼 인생

전체에 걸쳐 가르침이 적용되도록 이끌어야 한다.

우리는 어릴 때부터 많은 매체에 노출되어 사회가 제공하는 틀에 갇히기 쉽다. 주어진 현실에 의문을 갖지 않고 순응해 버린다. 이런 사회에서 스승의 역할은 무엇일까.

> '대리석의 필요 없는 부분을 쪼아내면 아름다운 조각이 되는 것처럼 제자들도 올바르지 못한 생각을 덜어내면 진리만 남게 되지. 제자들이 자신들 속에 있는 진리를 스스로 끌어낼 수 있도록 돕는 것이야말로 스승의 역할이지.'[9]

소크라테스를 산파라고 비유했던 이유는 스스로가 모르고 있다는 사실을 질문을 통해 해결해 주었기 때문이다. 참된 스승이란 질문하는 자에게 답하는 사람이다. 스스로의 무지를 발견하게 하려고 질문을 했던 소크라테스처럼 두드리는 자에게 구함이 있어야 한다.

누군가를 가르친다는 것은, 교육한다는 것은 상대의 내면에 있는 잠재력을 이끌어 내는 것이다. 아이에게 숨겨진 창의성, 사고력, 호기심 등을 이끌어 내야 한다. 정보의 주입이 아닌 잠재력의 발현이 되도록 만들어야 한다.

스승의 태도에 맞게 제자의 태도도 중요하다. 늘 겸손한 사람이어야 배운다. 겸손하지 않은 사람은 스승의 말을 믿음으로 따르지 않는다. 믿지 않기에 이해하기도 어렵고, 이해를 못 했기에 행동하지 않는다. 내가 맞다고 생각하는 사람에게는 어떤 조언도 들리지 않는다.

훌륭한 스승을 만나면 제자도 그에 맞게 처신해야 한다. 공부를 배우러 가면 청소를 3년 동안 시킨 이유도 인성을 먼저 다듬은 다음 가르치고자 함이었다. 스승은 늘 제자를 다듬는 존재다. 제자는 그에 맞게 잘 다듬어져야 한다.

협력

협력이란 협동하는 힘이다. 흩어진 힘을 합하여 서로 도와야 한다. 물건 10개를 만들어야 할 때 둘이서 하면 5개씩, 셋이서 하면 3개씩 만들면 된다. 100kg짜리 바위를 혼자서는 들지 못하지만 여럿이서는 들 수 있다. 사람의 힘을 하나로 모았을 때 가능한 일이다.

돕는다는 말은 남이 하는 일이 잘되도록 힘을 보태거나 어려운 상황에서 벗어나게 하는 일이다. 모자란 것을 채워주고, 물에 빠졌을 때 건져주는 것을 돕는다고 말한다. 협력이란 능력을 한곳에 일치시킨 후, 하나로 모아 서로 다른 사람들끼리 거들거나 보태는 일이다.

협(協)이란 화합이다. 서로 돕고 같은 일을 좇으며 싸우지 않고 힘을 합친다는 뜻이다. 한자를 보면 완성을 뜻하는 십(十)과 힘(力)이 세 개

있는 모습이 보인다. 완성을 위해 여러 힘을 하나로 합쳤다는 뜻이다. 여러 사람이 모인 힘을 완성을 위해 활용해야 한다.

부지런히 일하고 힘을 써야만 어떤 일을 해낼 수 있다. 인생에 힘이 들어가지 않는 일은 없다. 이를 다른 말로 노력이라고 한다. 노력이란 부지런히 힘을 쓰는 노력(努力)과 무언가를 생산하는 데 쓰이는 능력인 노력(勞力)으로 나눠진다.

첫 번째 노력은 피땀 흘려 목표한 일에 매진하고 주력하는 일이다. 글자를 보면 같은 힘이기는 한데 첫 번째는 노비가 쓰는 힘이고, 두 번째 노력은 등불을 들고 하는 노력이다. 첫 번째는 누군가 시켜서 쓰는 힘이고, 두 번째는 스스로가 밤낮없이 하는 일이다. 주체성의 유무가 노력의 종류를 결정하고 그에 따른 결과물이 달라진다. 애만 쓰는 노력이 될 수도 있고, 생산적인 노력이 될 수도 있다. 이는 마음먹기에 달려 있다.

협력하지 않으면 문제가 생기고, 문제가 생기면 갈등이 일어난다. 갈등(葛藤)은 칡과 등나무가 합쳐진 글자다. 칡과 등나무처럼 얽힌 상황이다. 칡과 등나무는 어떤 물건을 타고 올라가는 성질이 있다. 칡덩굴은 시계 반대 방향으로, 등나무 덩굴은 시계방향으로 회전하면서 올라간다. 칡과 등나무가 같은 나무를 타고 올라가더라도 방향이 다르기에 시간이 가면 갈수록 서로 얽혀 더 꼬이게 된다. 이처럼 갈등 또한 더 이상 풀기 어려울 정도로 얽히기 전에 처음 일어났을 때 풀어야 쉽게 해결할 수 있다.

협력을 위해 갈등이 전혀 없어야 할까? 살아가면서 갈등이 없을 수는 없다. 사람들이 생각하는 바가 다르다. 코끼리를 보고 부채라고 하는 사람, 기둥이라고 하는 사람, 뱀장어라고 하는 사람이 있다. 자기가 하는 말이 옳다고 생각하기 때문에 물러서지 않는다. 서로의 다름으로 부딪치며 갈등이 시작된다. 이를 얽히고설킨다고 말한다.

  갈등이 일어나지만 서로를 인정하면 코끼리는 다리가 기둥 같고, 코가 뱀장어 같고, 귀가 부채 같다고 결론 내릴 수 있다. 갈등의 해결을 통해 더 나은 결과물을 얻는다. 문제는 갈등을 해결하지 않고 계속 얽힌 상태가 이어질 때 일어난다. 여럿이 있어도 힘을 하나로 모으기 힘드니 힘은 두 배, 세 배로 쓰면서 성과는 한 사람이 할 때보다 좋지 않다. 효율이 나지 않기에 낭비만 심하다.

  효율적으로, 좀 더 편하고 확실하게 힘을 쓰려면 협력하며 살아야 한다. 협력하기 위해 서로를 이해하고 상대를 돕고 위하는 마음이 있어야 한다.

  협력은 나를 위함이다. 내 결과물을 좀 더 나은 방향으로 만들기 위해 효율적으로 힘쓰는 일이다. 그 과정에 양보, 배려, 존중, 이해 등이 필요하다. 누군가에게 양보하고 배려하고 존중하려면 내가 온전히 피해의식이 없어야 줄 수 있다. 자기 자신을 배려하고 존중하는 사람만이 타인 배려가 가능하다. 그래서 자기 자신부터 사랑하라는 말이 나오는 것이다. 협력을 위해 나부터 돌보아야 한다.

신뢰

인간에게는 두 가지 신뢰가 필요하다. 첫째는 타인으로부터 얻는 신뢰, 즉 신용이며, 둘째는 자신에게 보내는 신뢰, 즉 자신감이다. 이 두 가지 신뢰는 삶의 기반이 된다.

사람들 사이에서 가장 중요한 가치는 바로 '신뢰'다. 신뢰는 화폐와도 같다. 화폐가 없으면 거지로 전락하듯, 신뢰가 없으면 온전한 사회생활을 영위할 수 없다. 그만큼 신뢰는 삶을 지탱하는 핵심 요소다.

인간은 본질적으로 사회적 동물이다. 타인과 관계를 맺지 않고 살아가는 이는 매우 드물다. 하지만 신뢰가 결여된 사람에게는 의심이 자라나고, 의심은 불신으로 이어지며, 불신은 결국 함께하는 삶을 불가능하게 만든다. 함께하지 못하면 외로움이 깊어지고, 외로움은 자기만의 세계로 고립시킨다. 이처럼 고립에서 벗어나기 위해 우리는 신뢰를 쌓아가야 한다.

　내가 가진 기대를 저버리지 않을 것이라는 흔들림 없는 믿음을 보낼 때 우리는 상대를 신뢰한다고 말한다. 신뢰란 굳게 믿고 의지한다는 뜻이다. 흔들리거나 변하지 않는 단단함으로 대해야 한다. 상대가 기대를 저버리지 않으리라 여기고 상대에게 몸과 마음을 기댄다. 신뢰관계가 구축되면 마음 편하게 기댈 수 있다. 사람 인(人)이 두 사람이 기대어 있는 모습인데, 그 접점은 신뢰이다.
　신(信)이란 신임하다, 맡기다의 뜻이다. 누군가를 믿으면 일을 맡긴다. 어떤 일을 성실하게 하고 확실하게 끝내는 사람이 믿음직스러운 사람이다. 그런 사람은 반드시 신뢰를 얻는다. 이 글자는 사람(人)과 말(言)로 이루어져 있다. 믿음은 사람이 하는 말에서 시작된다. 상대방이 믿음직스러운지 아닌지를 보려면 상대방의 말을 들어보고, 그 말과 행동이 일치하는지 유심히 지켜보면 간단하게 알 수 있다. 말만 앞세우는 사람이라면 믿음을 보내기 어렵다. 말과 행동이 함께 이루어지고, 말을 이루려는 사람이라면, 혹은 그런 노력을 지속적으로 하는 사람이라면 믿음직스러운 사람이다.
　말(言)을 이룬다(成)는 것이 정성(誠)이다. 조선시대의 대학자였던 남명 조식은 항상 칼과 방울을 차고 다녔다. 방울은 몸가짐을 조심히 하기 위해 달았고 칼은 자신의 각오를 다지기 위함이었다. 칼에는 '내면을 밝히는 것은 공경이고, 외면을 과감히 결단하는 것은 옳음이다.'라고 새겨져 있었다. 늘 공경(敬)하는 모습, 예의 바른 모습과 삼가는 태도로 긍정적인 마음을 유지하고, 외면은 실천으로 정의를 향해 나아가는 삶을 살자는 의지였다. 그렇게 평생을 자신의 말을 지키기 위해 살아갔다.

뢰(賴)는 의뢰하다, 의지하다의 뜻이다. 내가 하지 못하는 일은 상대에게 의뢰하고, 그 일을 완료한 사람을 의지한다. 그 사람의 도움에 힘입어 일을 해결한다. 이 글자는 묶다(束)와 칼(刀), 화폐(貝)가 합쳐졌다. 돈 꾸러미를 잘 묶어서 이를 칼로 지킨다. 돈을 모으면 은행에 맡겨야 한다. 은행에 의뢰하고, 의지한다. 누군가 내게 맡길 수 있는 사람이 되어야 한다. 그래야 신뢰받는 사람이다.

신뢰란 언행일치를 통해 만들어진 믿음으로 상대가 내게 의지하고, 도움받도록 스스로의 태도를 성찰하는 과정이다. 서로 간의 믿음을 통해 기대고, 그 믿음을 저버리지 않는다는 확신으로 묶인 모습이 바로 신뢰이다.

신뢰에 중요하게 생각해야 할 문제가 있다. 순자는 이렇게 말했다. '믿어야 할 것을 믿는 것을 믿음이라 한다. 의심해야 할 것을 의심하는 것 또한 믿음이다.' 무조건 남들을 믿으면 상대가 기대에 부응한다고 생각하면 큰 오해다. 사기꾼에게 믿음을 보냈을 때 그 사기꾼은 반드시 사기를 친다. 사기꾼을 의심하는 것이 진정한 믿음이다. 나쁜 사람에게는 의심을 보내야 올바른 믿음이다.

어떤 사람이 좋은 사람인가에 대해 제자가 공자에게 물었다. '스승님 마을 사람들이 모두 좋아하는 사람은 어떤가요?' 공자는 '옳지 않다.'라고 말했다. '스승님 마을 사람들이 모두 싫어하는 사람은 어떤가요?' 제자의 다른 질문에 공자가 답했다. '그 또한 옳지 않다. 마을의 좋은 사람들이 좋아하고, 마을의 나쁜 사람들이 미워하는 사람만 못하다.'

좋은 사람이란 좋은 사람에게 칭찬받고 나쁜 사람에게 미움을 받는 사람이다. 순자가 말한 것도, 공자가 말한 것도 비슷한 맥락이다. 의심해야 할 일을 의심하는 것, 나쁜 사람에게 나쁜 말을 듣는 것은 지극히 정상이다. 나쁜 사람이 나쁜 말을 하면 감사하다고 해야 한다. 그 소리를 들은 자신이 지극히 정상이니까.

신뢰도 보내야 할 사람에게 보내고 받아야 할 사람에게 받아야 한다. 이를 가리는 분별심이 있을 때 정확한 신뢰가 가능하다.

양육

 부모가 된다는 건 어려운 일이다. 내 한 몸 건사하기도 힘든데 나만 쳐다보는 내 분신을 올바른 방향으로 키운다는 건 엄청난 부담이다. 훈련소에 들어갔을 때 인상 깊었던 문구가 있었는데, '내가 짊어진 군장의 무게는 가장의 무게보다 가볍다'였다. 그때는 내 군장이 조금 더 무겁다는 생각을 했었는데, 지나고 보니 가장의 책임감은 모든 고통을 짊어지고 가는, 그럼에도 불구하고 티 내지 않고 걸어가는 사람임을 깨닫는다.

 좋은 가장이란 좋은 가장자리가 되는 사람이다. 양육에 있어 가장 중요한 것은 가장자리 설정이다. 자녀교육에 있어 울타리를 제대로 설정하지 않으면 아이들이 되는 것과 안 되는 것에 대한 기준을 알지 못한다. 선을 모르고 성장한다는 말이다. 인간관계에서 선을 넘는 사람을 무례한 사람이라 말한다. 내 자식이 선 넘는 사람이 되지 않도록 제대로 교육해야 한다.

생후 18개월이 될 때까지 부모와 어떤 관계를 맺는가에 의해 평생이 정해진다. 부모의 행동은 온전하게 아이에게 물려진다. 붕어빵 틀에서 나오는 것은 똑같은 붕어빵이다. 그러니 붕어빵 틀부터 먼저 제대로 만들어야 한다.

자녀교육에서 선행되어야 하는 원칙이 있다. 《어른의 중력》에서는 이렇게 말했다.

'되고 싶은 사람이 되는 법. 그것을 가르쳐주는 가장 좋은 방법은 나부터 나 자신이 되는 것이고, 그러면 아들은 어머니처럼 산다는 불가능한 일을 추구하는 대신 자기 자신이 되는 법을 배울 것이다.'[10]

정신과 의사를 만나러 갔는데 정신과 의사가 정신병이 있으면 환자의 병은 치유되지 않는다. 마찬가지로 불안하고 불행하고 힘들고 미숙한 상태로 부모가 된다면 자녀 또한 똑같이 된다. 그렇기에 아이를 위해서라도 편안하고 행복하고 활기차게 살아야 한다.

누군가에게 자녀교육이란 무엇인지에 대해 들은 적이 있다. 자녀를 키운다는 것은 내가 가진 텃밭에 날아온 씨앗을 잘 심어 꽃이 잘 피도록 관리하는 일이 전부다. 아름다운 꽃을 보는 것만으로 행복이다. 정원에 피해가 가지 않게 울타리를 치고, 물을 제때 주고, 냉해가 생기지 않도록 비닐하우스를 설치하는 데 그칠 뿐이다. 그게 전부다.

부모는 정원사의 역할을 해야 한다. 그저 내 꽃밭에 날아와 피어난

꽃을 보듯 바라봐야 한다. 그런 정원사의 역할에서 벗어나 꽃이 빨리 크도록 힘을 주어 당기거나, 왜 원하는 꽃이 되지 않느냐고 불평하거나, 빨리 결과물을 만들어 내라고 재촉한다면 이는 정원사의 역할을 제대로 하는 것이 아니다.

양육은 'Grow'와 'Raise'로 나눠진다. 'Grow'는 외형을 키우는 과정이다. 몸이 길어지고, 나무가 길어진다. 무언가를 기른다는 건 외형에 초점을 둘 때 말이 된다. '길다'라는 단어가 무언가를 길게 만들도록 하는 것으로 이해해 보자. 'Raise'는 '일으키다'의 의미이다. 넘어진 이를 일으켜 세울 때 우리는 아이를 잘 키운다고 말한다.

무작정 커지고 길어진다고 성공하지 않는다. 넘어졌을 때 다시 일으켜 세워주고, 그런 연습을 통해 혼자서도 일어날 수 있도록 만드는 일, 그것이 제대로 된 양육이다.

좋은 양육은 외적인 성장인 'Grow'와 내적인 성장인 'Raise'를 모두 하는 것이다. 정신적 성장은 뒤로 하고 외적인 성장에만 초점을 맞춘다면, 아이는 온전히 성장할 수 없을 것이다. 양두구육(羊頭狗肉)이라는 말이 있다. 양의 머리를 걸어놓고 개고기를 판다는 말이다. 이런 양육이 되면 안 된다. 겉으로는 비싼 유모차, 고액 과외 등 치장을 하며 그럴싸하게 행동하지만 실제 내면은 공허하고 비틀린 아이로 키우면 안 된다.

양육에서 핵심은 보살핌이다. 보(洑)를 살펴야 한다. 보란 논밭의 물을 가두는 곳이다. 보에 물이 없으면 농사를 제대로 지을 수 없다. 미래를 위해 잘 보관하고 보호해야 한다. 아이가 가진 한계를 늘 잘 살펴서 깨지거나 상처받지 않는지 잘 살펴야 한다.

양육에는 정성이 필요하다. 내 온 힘을 다해야 한다. 부모라고 이름이 주어진다면 모든 힘을 아이에게 쏟아야 한다. 아이를 위해 일하고, 먹고, 애써야 한다. 내가 우선이 아닌 아이가 우선이어야 한다. 이리 살피고 저리 살피며 관심을 가지지만 간섭하지는 말아야 한다. 이리저리 빠짐없이 주의를 기울이며 아이가 어떤 문제나 고민을 갖고 있는지 자세히 알아보기도 해야 한다. 단, 부모도 아이의 선을 지켜줘야 한다. 아이의 자발성을 부모의 간섭으로 헤치면 안 된다.

'여우누이는 본래부터 여우였던 것이 아니라 부모가 그를 여우로 만든 것입니다. 편애와 과보호라는 잘못된 사랑으로 말이지요. 어떤 일을 해도 부모가 자기편을 들어주는 상황에서 아이는 자연스레 여우로 변한 거지요. 여우짓을 해도 뭐라 안 하니까. 그렇게 어려서부터 몸에 밴 여우짓이 시간이 흐르면서 교활하고 흉악한 공격성으로 발현된 것입니다.'[11]

여우누이 이야기에서 막내는 부모의 사랑을 듬뿍 받았다. 문제는 과하게 받은 사랑과 무례가 묵인된 양육으로 온 집안이 여우누이에게 잡아먹혔다. 여우누이를 그렇게 키운 부모의 잘못이 더 크다.

양육은 무엇보다 중요한 인생의 요소다. 양심적으로 교육해야 양육이고, 양쪽의 말을 모두 들으며 육하원칙에 따라 판단해야 하는 것이 양육이다. 부모의 판단 하나로 자녀의 길이 달라진다. 그러니 매 순간 주의하고 유의해서 대해야 한다.

부모는 아이를 받아들이고 아직 불완전한 아이를 감당하고 견디어내는 사람이다. 언제든 아이가 도움을 요청할 때 대응해야 하고, 반응해야 하며, 공감하고 공유해야 한다. 두 사람이 만나 하나의 세계를 만들어 낸다. 그것이 문화가 되어 가치로 자리한다. 그런 부모가 되어보자.

설득

　사람과의 만남에서 반드시 필요한 능력은 설득력이다. 어떤 리더가 좋은 리더일까. 설득력 있는 리더이다. 흔히 군대에서는 '하라면 해'라는 식의 리더십이 발휘되는 경우가 많다. 상명하복이 전제되는 공간이기에 그런 리더십이 자연스러울 수밖에 없다. 물론 그 리더십이 오랫동안 이어지는 경우는 많지 않다. 공포에 의한 조종은 평생 이어지지 않는다. 애플이 고정고객을 유지하는 이유가 무엇일까. 애플이 주는 가치 때문이다. 단순하지만 멋이 있다. 애플은 공포로 조종하지 않고 가치로 설득한다.

　리더십의 가장 좋은 방향은 설득이다. 설득이란 상대가 내 의견을 따르도록 여러 방식으로 궁리하여 말하는 과정이다. 결과물은 내 의견을 따르는 것이지만 과정은 여러 방식으로 나눠진다. 어린아이에게는 그에게 맞는 방식이 있다. 어린아이에게 설교가 무슨 소용일까. 하면 안 되는 일을 알려주며 사탕을 하나라도 더 주는 방식일 때 어린아이를 설득할 수 있다. 아기들에게 지지라는 말을 한다. 지지(知止)가 그 뜻이다. 멈춤을 알아야 한다. 불에 손을 가져가는 아이에게 멈추라고 해야 한다. 그것이 바로 지지다.

다 큰 어른에게 사탕 하나가 얼마나 큰 의미가 있을까. 그 일에 대한 이유를 설명하고 장, 단점을 알려주며, 그 사람에게 필요성을 깨우쳐주면 조금씩 설득이 가능해진다. 물론 사탕 대신 다른 이득이 되는 물건을 줘도 된다.

각자에게 맞는 설득 방식이 모두 다르다는 것부터 이해해야 설득을 시작한다. 설득이란 기쁘게 말하여 상대방에게 얻고자 하는 바를 얻는 행위이니, 한누 가지 방식이 아닌 여러 방식으로 시도해야 한다. 설득은 나를 내세우지 말고 상대에 맞게 대해야 한다.

설명이 왜 설명인가. 썰을 풀어야 하기 때문에 설명이다. 썰이란 곧 이야기다. 이야기꾼이 되지 않으면 설득을 할 수 없다. 이야기꾼이 되려면 재료가 있어야 한다. 재료가 없으면 말을 할 수가 없다. 재료를 모으기 위해 다양한 독서를 하며 여기저기 기웃거린다. 책을 읽다가 좋은 이야기가 있으면 바로 써먹을 수 있다.

'썰'이란 견해나 주의를 뜻한다. 내 견해, 너의 견해, 그리고 우리의 견해 모두를 이해하는 것이 중요하지만, 그중에서도 상대방에게 가장 적합한 견해가 무엇인지 먼저 찾아내는 것이 가장 중요하다. 그를 통해 얻는다. 무엇을 얻을 것인가. 상대의 마음이다. 이러한 노력을 통해 상대의 마음을 얻을 수 있다. 이를 득심(得心)이라고 한다. 마음을 얻었다. 무엇을 통해 얻는가. 이청득심(以聽得心)이다. 귀 기울여 듣는 경청은 사람의 마음을 얻는다. 상대방에게 맞는 견해를 찾으려면 먼저 들어야 한다. 경청이 있은 다음에 상대방 견해파악이 가능하고, 그다음에 설득이 이루어진다.

마음을 얻으면 설득이 쉬워진다. 아리스토텔레스는 설득의 3요소를 말했다. 첫 번째, 로고스(logos)이다. 논리와 이성적으로 접근한다. 두 번째, 파토스(pathos)이다. 정서적, 감정적으로 다가간다. 세 번째, 에토스(ethos)이다. 말하는 사람을 신뢰할 때 이루어진다. 여기서 가장 효과적인 방법이 세 번째인 에토스이다. 상대방에게 신뢰를 가지면 설득은 자동으로 이루어진다.

상대방의 수준에 맞추려면 내가 한없이 가벼워져야 한다. 내가 원래 있던 위치가 아니라 자유자재로 변해야 한다. 유치원에서 동요를 부를 수도 있고, 부모님 앞에서 트로트를 부를 수도 있고, 학생들 앞에서 랩을 부를 수도 있다. 자유자재로 변할 수 있을 때 설득의 기본 태도가 갖춰진다. 스스로가 뻣뻣하거나 무거운 사람은 자신을 내려놓지 못한다. '내가 어떤 사람인데 그렇게 하겠어.'라는 마음은 절대 사람을 가볍게 만들지 못한다. 이를 위해 자기 다이어트가 필요하다. 다이어트를 하는 이유가 무엇인가. 제한된 식사를 통해 스스로를 조절하여 최종적으로는 건강한 몸을 만들기 위함이다. 스스로를 조절할 수 없으면 타인설득은 불가능해진다. 불쑥 튀어나오는 자존심은 잠시 내려놓아야 한다.

'당신과 다른 경험을 한 사람은 당신과 다른 사고방식이나 관점을 지니기 마련이다. 그들은 다른 목표, 다른 견해, 다른 욕구, 다른 가

치관을 지닌다. 따라서 사실 대부분의 논쟁은 의견이 아니라 경험
이 충돌하는 상황이다.'[12]

나와 너의 경험이 다름을 인정해야 설득이 가능하다. 이를 인정하고
'상대방은 내가 경험하지 못한 무엇을 겪었기에 저런 생각을 할까?'라
는 질문을 던져야 한다.

설득을 하려면 설명이 필요하다. 상대가 잘 알아들을 수 있도록 밝
혀서 말해야 한다. 설명을 하려면 해석을 해줘야 한다. 내가 먼저 이해
한 다음 말해야 상대도 알아듣는다. 내가 이해하면 강의를 해줄 수 있
다. 체계적으로 가르쳐 이해시킬 수 있다. 보다 쉽게 풀어서 설명하는
해설자가 되어 설명할 수도 있어야 한다. 까닭이나 이유를 설명해 주
는 소명을 할 수도 있다. 과정에 대한 결론을 이끌어 내기 위해 가정을
해볼 수도 있다. 비슷한 사물에 빗대어 설명하는 비유를 할 수도 있고,
다른 사람이 수긍할 때까지 타이르는 설교를 할 수도 있다. 이러한 다
양한 과정을 통해 설득을 해내면 된다.

설득하기에 앞서 먼저 이해하고, 이해될 때까지 설명하고, 다양한
방법을 통해 타인을 이해시킨다. 그런 과정에서 감정적인 교류를 갖
고 점차 신뢰를 쌓아간다. 이런 관계 속에서 보다 나은 설득이 가능해
진다.

부처님이 대중들 앞에서 설법을 하실 때 연꽃을 들어 올렸다. 그 모
습을 본 마하가섭이라는 제자만이 미소 지었다. 이를 본 부처님이 마
하가섭에게 진리를 전해주었다고 한다. 우리의 설득은 최종적으로 신
뢰가 있을 때 어떤 말도 필요 없어진다. 속에 있는 의도조차 전해지는

관계가 될 때 어떤 설득도 가능하다.
 가족 간에 설득이 잘 안된다면 신뢰관계가 올바르게 맺어져 있는지 생각해 보아야 한다. 내 말을 듣지 않는다면 나에 대한 신뢰에 문제가 있다고 볼 수 있다. 혹시 내가 지키지 않은 약속은 없는지를 다시 살펴보자.

이해

    이해란 사리를 분별하여 해석하는 일이다. 벌어진 일에 대해 판단하고 이를 자세히 푸는 능력을 이해력 있는 사람이라고 한다. 홍수가 났으면 그 일이 왜 일어났는지를 판단하고 해석해야 한다. 제방이 낮았을 수도 있고, 올해 비가 많이 왔을 수도 있는 등의 다양한 이유를 분별한 다음 이를 올바르게 해석해야 한다. 일어난 결과에 대한 원인을 파악해야 다음에 같은 일을 반복하지 않는다.

    이해는 다른 사람의 사정을 잘 헤아려 너그럽게 받아들이는 것이기도 하다. 다른 사람을 잘 이해하는 사람은 잘 헤아리는 사람이다. 타인이 겪은 고통이나 감정을 본인이 겪지는 않았지만 어림잡아 짐작하여 생각해 봐야 한다. '내가 만약 저런 고통을 겪었다면 나는 어땠을까?' 이런 생각을 해보는 사람이 바로 이해심이 있는 사람이다.

이해란 영어로 'Understand'이다. 'Under'란 아래라는 뜻이고, 'Stand'는 서 있다는 뜻이 있다. 아래에 서 있어야 이해다. 이해하기 위해서는 누군가를 위에서 내려다보는 자세가 아니라 아래에서 위를 쳐다보는 존중의 자세가 필요하다. 말로는 이해한다고 말하면서 행동은 그렇지 않은 사람들이 있다. 자기를 숙이지 않는 사람이 이해할 수가 있을까. 아래로 내려가 충분하게 고민하고 생각해야 이해가 가능하다.

지식의 습득만으로는 이해가 불가능하다. 내가 얻은 정보를 실제로 적용해 보고, 그를 통해 얻은 결과물로 변화하는 내가 된다. 낮은 자세로 타인을 이해해야 하며, 올바른 판단과 해석능력이 반드시 필요하다. 잘못된 해석으로 모든 일에서 오류가 일어난다. 물에 빠진 사람이 다른 사람을 보고 들어오지 말라고 손짓했는데, 그를 본 사람이 함께 물에 들어가 같이 빠진다. 이런 오류를 막는 이해력이 삶에 필요하다.

이(理)는 다스리다는 뜻이다. 임금(王)과 마을(里)이 합쳐진 글자로, 임금이 마을을 잘 다스린다는 뜻이다. 다스림이란 잘 보살피고 어지러운 일이 일어났을 때 잘 수습하여 바로잡는 일이다. 문제가 생겼을 때 해결하는 것 또한 다스림이라 말한다. 임금은 자신이 다스리는 국가를 잘 다스릴 책임이 있다. 어떻게 다스릴지 고민한 끝에 깨달음을 얻고, 그 방법에 대한 올바른 도리를 얻는다.

해(解)는 설명의 뜻이다. 뿔(角)과 칼(刀), 소(牛)가 합쳐졌다. 소가 가진 뿔을 우각(牛角)이라고 하는데, 이를 칼로 분리하는 모습이다. 쇠뿔을 빼는 이유는 수소를 안전하게 부리기 위해서였다. 소는 농사에 쓰이는 최고의 동물이었다. 소가 없으면 농사의 효율이 나지 않았다. 그런 소에 뿔이 있으면 농부를 공격할 수도 있기에 이를 제거했다. 우리가 하는 말이나 행동도 마찬가지로 공격적인 것을 제거하고, 왜 그렇게 했는지 풀이하여 깨닫는 과정이 필요하다.

즉, 이해란 어지러운 일을 잘 다스리고 바른 방법을 찾은 다음 그 일을 풀이하고 깨달아서 마침내 통하게 만드는 일이다. 누구와 통하는 것인가. 나와 상대, 나와 상황, 나와 현상이 서로 통하면 이해가 시작된다. 왜 그런지 짐작해서 알기 때문이다.

이해(理解)하기 위해서는 이해(利害)를 생각해야 한다. 일어난 일에 대해 이로움과 해로움 모두를 고려해야 제대로 이해할 수 있다. 아끼던 물건을 잃어버렸다면 이는 손해이다. 그로 인해 새로운 물건을 선물 받았다면 이익이다. 이익과 손해는 수시로 변하기 때문에 전체적인 시각으로 이해해야 한다. 슬픈 일이 있어도 곧 기쁜 일이 생길 수 있다는 앎과 기쁜 일이 생기면 슬픈 일이 생길 수 있다는 이해가 모두 필요하다.

이해(泥海)란 질퍽한 길을 말한다. 말 그대로 진흙으로 된 바다인데, 걸어가기 힘든 길임을 알 수 있다. 타인을 이해하기는 쉽지 않다. 진흙 길을 걸어가는 수준의 힘든 여행길이다. 그럼에도 불구하고 우리는 상대방을 이해하고 공감할 수 있어야 한다. 이해를 못 하면 관계 자체가 시작되지 않는다.

이해하지 못하면 이해(貽害)하게 된다. 상대방에게 손해(害)를 끼치게(貽) 된다. 타인이해의 부족은 자기중심적으로 행동하고 누군가를 배려하지 않는 태도를 만든다. 이를 주의해야 한다.

타인을 이해하기 전에 자기이해가 선행되어야 한다. 내 행동에 대해 분별하고 제대로 해석해야 한다. 왜 그렇게 했는지를 내가 모른다면 말이 되지 않는다. 내 행동의 근원에는 무엇이 있었는지 파악해보는 과정도 필요하다.

이해는 인간의 삶에서 중요한 역할을 하며, 지속적인 탐구와 성찰을 통해 깊어질 수 있다. 이해를 멈추지 말자. 가끔은 이해가 가지 않는 일도 많을 것이다. 그럴 때마다 하는 말이 있다. '그럴 수도 있지.' 그럴 수도 있다.

'상대가 하는 모든 행동은 의식적이든 무의식적이든 이유가 있어요.'[13]

다 이유가 있고 내가 이해하지 못한 일임을 이해해야 한다. 그것이 진짜 이해다.

사랑

여러 단어 중 가장 아름다운 단어를 선택한다면 사랑을 택하겠다. 그저 연인 간의 사랑이 아닌 누군가를 아끼고 소중히 여기는 마음을 말한다. 가장이 거처하며 손님을 접대하던 곳을 사랑채라고 불렀다. 왜 예전에 집 안에 사랑채를 두었을까. 물론 한자는 다르지만 사랑이라 말한 이유가 있지 않을까. 가장이었던 남편은 바깥에서 오는 이들을 소중히 대해야 하고, 집 안에 있는 식구들을 귀중히 여겨야 하기 때문에 사랑채라고 이름 붙이지 않았을까.

집안이 평화로워야 세상이 평화롭다는 말처럼 집안에서 사랑이 있어야 세상을 향한 사랑이 시작된다. 내가 있는 곳부터 먼저 사랑을 이루어야 한다.

'LOVE'의 앞 글자를 따면 Light, Option, Vertical, Ethos이다. 빛, 선택, 수직, 신뢰가 합쳐진 사랑이 진정한 사랑이다. 첫 번째, 사랑은 늘 밝아야 한다. 꺼진 초에 불을 붙이고, 환함으로 어둠을 몰아낸다. 사랑의 시작은 밝음이고, 타오름이다. 두 번째는 선택이다. 사랑하는 사람은 내가 선택한 결과다. 이혼의 원인이 무엇인가. 바로 결혼이다. 결혼은 내 선택이지 남의 선택이 아니다. 누가 칼 들고 협박한 결과물이 아니라는 말이다. 내가 선택한 결과라는 사실을 받아들여야 한다. 세 번째, 사랑은 수직적이다. 내리사랑이 진정한 사랑이다. 부모님이 자식을 사랑하고, 자식은 성인이 되어 태어난 자신의 아기에게 사랑을 베푼다. 물처럼 위에서 아래로 흘러야만 사랑이다. 아래에서 위로 올라가는 것을 효도라 말하지만, 위에서 아래로 내려가는 것은 사랑이다. 가정에서 가장 약한 사람이 가장 강한 힘을 가져야 하고, 가장 많은 사랑을 받아야 한다. 사랑은 늘 내리사랑이기 때문이다. 네 번째, 앞에서 말한 에토스이다. 로고스는 논리적인 설득, 파토스는 감정적인 설득, 에토스는 말하는 사람의 인격과 신뢰성을 활용한 설득이다. 사랑에는 논리나 감정보다는 상호 간의 신뢰가 우선이다. 사랑 앞에 논리도, 감정도 무용지물이다. 서로의 신뢰가 없다면 사랑은 오래가지 못한다.

사랑은 늘 빛나는 것을 선택하고, 내리사랑을 통한 신뢰관계 구축으로 이어질 때 온전히 완성된다.

물론 사랑은 가장 무서운 단어 중 하나로 이야기될 수 있다. 사랑이 잘못 발현되면 집착이 된다. 늘 마음이 쏠려서 매달릴 때 구차해지고 위험해진다. 구차한 마음이 분노를 만들고, 분노는 사랑을 소중함이 아닌 재앙으로 만든다. 그래서 사랑이 아닌 살앙(殺殃)이 된다. 살앙이라는 앙심을 품게 되면 관계는 파멸이다. 죽이고 해치는 살앙이 되지 않게 유의해야 한다. 거짓말로 장애를 일으키고, 상처 입기 쉬운 마음으로 피해의식을 갖고 누군가를 부러워만 할 때 사랑은 살상(殺殤)이 된다.

LOVE가 잘못되면 어떻게 될까. Liar, Obstacle, Vulnerability, Envy 이다. 거짓말, 장애물, 취약성, 부러움이 합쳐지면 재앙이다. 첫 번째, 사랑에 거짓말은 독약이다. 의심의 씨앗은 순식간에 불어나 사랑을 좀먹는다. 두 번째, 사랑은 장애물이 되어서는 안 된다. 내가 하는 사랑이 모두를 힘들게 하면 이는 잘못된 사랑이다. 사랑하는 사람에게 장애물이 되어서는 안 된다. 세 번째, 연약한 상태에서는 사랑을 하기 어렵다. 사랑은 단단한 사람끼리 모여야 한다. 누군가의 장난에 쉽게 상처 입고, 피해의식으로 매사를 부정적으로 보면 사랑은 이어지지 못한다. 네 번째, 어떤 것이라도 부러워하지 마라. 부럽다가 계속되면 불 없다가 된다. 사랑에 불이 없다면, 서로를 데우는 온기가 없다면 사랑하기 어렵다. 누군가를 예로 들며 비교하지 말자. 지금 내 앞에 존재하는 사랑에 감사해야지 이상향을 찾는 순간 불행이 시작된다.

사랑을 뜻하는 애(愛)에서도 사랑을 배운다. 손톱(爫)으로 덮여있는 (冖) 마음(心)으로 천천히(夂) 걸어간다. 손톱은 세밀하고 자상함을 뜻한다. 덮여있음은 보호와 안정이다. 사랑이란 작은 것조차 빠지지 않고 세심하게 생각하고 행동하며 자상하게 보호해야 한다. 사랑에 안정이 없으면 안 된다. 그렇게 보이지 않는 마음을 향해 걸어가야 한다. 그것이 사랑이다.

사랑이라는 단어에 연애가 빠질 수 없다. 이승우 작가는 《고요한 읽기》에서 연애는 틈을 인정하지 못하는 열정이라고 말한다. 둘 사이의 간격을 용서치 않는 마음, 반지로라도 표현하고 싶은 마음이 생기는 연애란 행복하고도 어려운 일이다.

연애를 뜻하는 'Date'는 날짜를 적는다는 뜻이 있다. 연애는 너와 내가 함께하는 시간의 흐름을 기록해야 한다. 유행에 뒤떨어진다는 뜻도 있는데, 연애를 하면 세상의 유행이 아닌 둘만의 유행을 만들어야 한다. 세상에서 말하는 사랑의 기준을 연애하는 사람에게 가져가면 안 된다. 오로지 두 사람 사이의 기록이 연애다. 데이트에 약속이 어긋나면 데이트가 아니다. 날짜를 10일로 적어놓고 11일에 만날 수는 없다. 반드시 약속이 지켜져야 한다.

연기와 아지랑이를 연애(煙靄)라고 한다. 따뜻한 불이 없고 매캐한 연기만 나서 눈물이 난다. 뚜렷하게 보이지 않고 흔들리며 보이다 말다 한다. 연애에 이런 느낌이 들면 다시 한번 생각해 봐야 한다. 따뜻함이 없는 연애가 어떻게 연애라고 할 수 있고, 뚜렷하지 않은 연애가 어떻게 연애라고 할 수 있을까. 연애를 할 때는 명확하게 사랑이 보여져야 한다. 별을 따달라고 하면 천문대라도 함께 가는 명확함이 있어야 진정한 연애다.

연애를 잘하면 사랑도 잘한다. 연애에서 배운 명확함과 따뜻함으로 사랑을 이어갈 때 좋은 사랑을 이루어 낸다. 아지랑이 같은 연애는 눈물 나는 사랑밖에 되지 않음을 기억하자.

어울림과 아우름

두 가지 이상의 것이 서로 잘 조화될 때 어울린다고 말한다. 어울림의 핵심은 조화를 잘 이루었는가에 있다. 어울림을 넘어서 두 개 이상이 하나로 합쳐질 때 아울린다고 말한다.

말은 '아' 다르고 '어' 다르다. 서로 다름이 모여 조화를 이루고, 모인 조화가 하나로 합쳐진다. '어'에서 시작한 울림은 '아'에서 시작된 울음으로 이어진다. 어는 당황할 때 나는 소리고, 아는 깨달았을 때 나는 소리다. 새로운 만남은 당황에서 시작하고, 서로의 관계는 다름을 깨달아가며 온전함을 향해 나아간다. 둘이 다르지 않고 같은 사람이라는 사실을 깨달았을 때 조화롭게 이어진다. 당황의 울림에서 감탄의 울림으로 변하는 시간이 필요하다. 기존의 것을 조화롭게 하여야만 포용할 수 있다.

'Brachium'은 라틴어로 팔을 의미한다. 'In'과 'Brachium'이 합쳐졌다. 팔은 안으로 굽는다. Embrace라는 아우름은 서로를 감싸고 포용함이다. 'Brace'는 버팀대를 말한다. 안으로 지지대를 만드는 과정이 아우름이다.

인생은 시작과 끝이 있고 그에 따른 궤적이 존재한다. 유성도 궤적을 갖고 있다. 유성은 밤하늘을 가로지르는 궤적을 그린다. 유성은 작은 우주먼지에서 시작한다. 지구 대기권에 들어오기 전 유성체가 대기권에 진입하며 마찰로 인해 불빛이 나며 빛나는데, 이를 유성이라고 한다. 하늘에 흔적을 남기려면, 궤적을 그리려면 빛나야 한다. 빛나려면 마찰을 통해 불태워야 한다.

별이 태어날 때 신성이라 부른다. 다른 말로 '별나다'고 한다. 별나다는 건 보통과는 다른 특별함이다. 평상시 하늘과 다르게 유성이 떨어지면 기존과는 다른 하늘을 본다. 별난 상황이다.

군대에서 장군 계급장을 별로 표현한다. 하늘에 떠 있는 별처럼 다른 세상 사람이어서 그렇지는 않다. 물론 군 생활 하며 본 별들의 세상은 다른 세상 같았지만 말이다. 장군의 계급장이 별인 이유는 누구의 도움도 없이 하늘에 떠서 밝게 빛나기 때문이다. 장군답다는 말은 독불장군처럼 자기 생각대로 혼자 처리하는 사람이 아니라 하늘을 밝게 비추며 많은 이들의 길잡이가 되어준다는 말이다. 장군이 아니지만 장군처럼 산다면 길잡이의 역할을 해야 한다.

밤하늘에 북두칠성이 없으면 방향을 찾을 수 없다. 길잡이가 없으면 길을 잃는다. 변함없는 별이 있어야 흔들리지 않고 목표를 향해 갈 수 있다. 하늘에 천 개의 북극성이 있으면 혼란 그 자체가 된다. 이때 어그러진다는 뜻의 괴(乖)를 쓴다. 천(千) 개의 북(北)극성이 존재하면 길을 잃고, 비뚤어지며 목표와 단절된다. 목표를 천 개 가진 사람은 목표를 한 개 가진 사람보다 목표를 달성하지 못한다. 언제 천 개의 목표를 쳐다볼까. 별을 세다가 지칠 뿐이다.

성(星)이라는 글자는 태양(日)이 태어난(生) 모습이다. 태양은 사라졌지만 별빛이 그 자리를 대체한다. 누구나 마음속에 별을 갖고 태어난다. 잠재력이라는 별을 믿고 자기 자신을 잃지 않을 때 특별해진다. 별은 우리가 목표를 세우고, 도전을 극복하며 성장하는 과정에서 빛을 발하게 된다.

누군가의 빛을 받고 빛나는 행성이 있는 반면 스스로 빛을 내는 항성이 존재한다. 'Star'는 스스로 빛을 내는 별이다. 스타가 되려면 내면의 빛을 찾아야 한다. 항성은 핵융합 반응으로 빛을 낸다. 행성은 그저 다른 별을 따라다닐 뿐이다.

핵융합은 쉽게 말해 두 개의 가벼운 원자핵이 결합하여 더 무거운 원자핵을 만드는 반응이다. 간단하게 두 개의 결합이 새로운 하나를 만들어 내는 과정을 거치면 스스로 빛을 낼 수 있지만, 그런 과정이 없다면 빛을 내지 못한다.

어울림을 통해 서로가 만나고 아울림을 통해 새로운 하나가 되면 스스로 빛을 내는 별이 된다. 어울리고 아울릴 때 우리는 빛난다.

걱정은 때로 마음을 무겁게 하고 지나친 걱정은 싫증을 불러온다. 그런 과정에서 내 반응을 잘 통제해야 한다. 누군가에게 기대하지 않고, 기대지 않아야 스스로 독립해서 살아간다. 기대하면 할수록 보답받지 않는 현실은 고통을 가져오기도 한다.

고통 속에서도 행복을 찾을 수 있다. 초연한 마음으로 상황을 바라볼 때 여유가 생기고 진정한 평화를 경험한다. 여유는 걱정과 고통에 휘둘리지 않고 자기 자신을 지키는 힘이다.

3장.

감정과 심리

걱정
싫증
반응
기대
고통
행복
초연
여유

걱정

 걱정이 많은 사람에게 '걱정도 팔자다'는 말을 한다. 하지 않아도 되는 걱정을 할 때 종종 듣는다. 팔자란 우리가 부여받은 사명을 말한다. 그 속에 운명이 들어 있다. 걱정도 팔자라는 말은 걱정하면 그런 일이 계속 일어나는 운명이 된다는 말이다. 걱정이 곧 우리의 운명이 되지 않도록 잘 막아야 한다.
 살아가면서 앞으로의 삶이 걱정일 때가 있고 현재의 상태가 불안할 수도 있으며 과거의 경험이 상처로 자리할 수 있다. 부정적인 생각이 쌓이고 쌓여 걱정이 되고 불안이 된다. 우리의 잘못된 상상은 전혀 근거 없는 최악의 시나리오를 만든다. 불안은 이 상상을 자극하여 불행으로 가는 고속도로를 만들어 낸다.
 우리의 불안은 '원래 그렇다'는 사실을 잊을 때 생긴다. 세상의 누구나 불안을 경험한다는 점을 잊으면 불안은 더 커진다. 스스로를 특별하다고 여기며 그 사실을 인정하지 못하기 때문이다. 내가 그러하듯 남들도 그러하다. '나만 이렇다'고 생각할수록 불행은 깊어진다. 지금의 내 상태가 타인에게도 흔히 일어나는 일임을 인식할 때, 불안은 조금씩 누그러진다.

걱정이란 안심이 되지 않아 속을 태우는 일이다. 안심이 되지 않음이 불안이다. 문젯거리나 고민이 있기 때문에 불안이 생긴다. 고민을 하면 할수록 앞으로의 일을 생각하며 여러 가지 마음을 쓰기 때문에 초조하고 괴로워진다. 초조하면 인내를 잃고 조급해진다. 조급해지면 여유를 잃는다. 여유 없이 주어진 대로만 살기에 매일을 걱정과 고민으로 지새운다.

심리학에서는 부동불안을 말한다. 불안에 있어 특정한 원인이나 대상이 있다기보다는 A가 해결되면 B로, C로, D로 계속해서 흘러가는 불안을 말한다. 불안을 위한 불안이랄까. 이런 부동불안에서 벗어나기 위해 진짜 불안한 원인이 있는지, 아니면 내 마음이 불안을 만들어 내는 것인지를 인식해야 한다.

> '조바심이 많은 사람은 대체적으로 자신의 일에 치여 주위 상황을 제대로 파악하지 못하거나 다른 사람을 살펴볼 여유를 잃는다. 마치 옆에서 달리는 다른 말의 모습을 보지 못하고 오로지 목표점만 바라보고 달리도록 눈에 가리개를 한 경주마와 같은 모습이 되는 것이다. 이를 터널 비전이라고 한다.'[14]

걱정하면 스스로의 마음을 불로 태울 수 있다. 불씨를 초기에 진화하지 않으면 걷잡을 수 없이 퍼진다. 아무리 작은 걱정도 마음을 태운다. 따뜻한 햇볕도 오래 쬐면 피부가 검은색으로 변한다. 건조하고 딱딱한 겨울나무는 더 쉽게 탄다. 물먹은 유연한 나무는 쉽게 타지도, 부러지지도 않는다. 잔잔하고 자유로운 물과 같은 여유로움과 유연함이 있을 때 걱정이 줄어든다.

걱정에서 벗어나 편해지려면 거북함이 없어야 한다. 자연스럽지 못하거나 자유롭지 못할 때 거북해진다. 내가 마음대로 움직일 수 없고, 내가 마음대로 생각할 수 없을 때 평상시와는 다르게 어색하고 불편해진다.

편해지려면 거북함이 아닌 거북이 그 자체가 되어야 한다. 대표적인 장생 동물 중 하나가 거북이다. 수명이 150년 이상이 되는 거북이가 많다. 토끼와 거북이라는 이야기를 수십 번도 더 들으며 성장한 아이들에게 거북이는 친구 같은 동물이다. 느림보의 대표적인 예가 거북이지만 꾸준함의 대표적인 예도 거북이다.

거북이에게 배워야 할 특징이 여기에서 나온다.

첫째, 천천히 하지만 꾸준함을 잃지 않는다. 어떤 일을 불안해하고 걱정하는 사람들은 대부분 눈앞에 주어진 거대한 문제에 압도되거나 겁을 먹기 때문이다. 그러지 말고 거북이처럼 마라토너가 되어 결승점을 향해 나아가야 한다.

둘째, 거북이의 등껍질을 가져야 한다. 거북이는 위험이 닥칠 때 누구보다 빠르게 껍질 속에 숨는다. 나를 보호할 수 있는 능력, 방패를 가져야 한다. 도전은 안전한 지지대가 있을 때 가능하다. 새롭게 도전한다고 잘 다니던 회사를 그만두고 사회로 나가면 등껍질 없는 거북이가 되어 순식간에 천적에게 잡아먹힐 것이다. 튼튼한 등껍질 같은 보호막이 인생에는 반드시 필요하다.

  셋째, 육지와 바다 두 곳에서 모두 살아야 한다. 거북이가 육지와 바다에서 동시에 생활이 가능하기에 취직했던 용궁에서 토끼 간을 가져오라는 임무를 받을 수 있었다. 한 기업의 대표이사에게 믿음직한 인물이 된다는 말이지 않은가. 어떤 환경에도 개의치 않고 잘 지내고, 동시에 일어나는 일을 해결할 수 있다면 불안이나 걱정 대신 해야 할 일을 찾아 나선다. 걱정이 올 시간을 주지 않도록 바쁘게 일하다 보면 몸에 활력이 돈다. 내가 정말 걱정이나 불안에 힘들다면 쉴 시간 없이 한번 움직여보는 것도 좋은 방법이다.

  거북이의 꾸준함, 방패막, 적응력을 배우면 걱정이나 불안이 잠재워질 수 있나. 육지에서 일하고, 바다에서 일하는 거북이가 얼마나 바쁘겠는가. 느리지만 끝까지 해내기에 오랫동안 잘 살아가지 않을까.

싫증

싫증이란 싫은 생각이다. 싫증은 권태증과 같은 말이다. 권태증이란 게으름증이다. 어떤 일에 생기를 잃고 기세가 약해져 재미가 없어지면 행동이 느려지고 움직이기 싫어진다. 싫증, 권태증은 생기가 없어지는 데서 일어난다.

권태기라는 말이 있다. 왜 열렬하게 사랑하던 관계에 권태가 끼어드는가. 그 관계에 생기가 없기에 그렇다. 관계가 싱싱하지 않아서 그렇다. 싱싱하게 팔딱이는 생선처럼 서로 팔딱이며 바라보아야 하는데, 이미 죽은 동태눈처럼 사랑도 없고 생기도 없다. 생물은 모두 살아있는 생기를 갖고 있다. 생기가 없다는 말은 죽었다는 말이다. 생기의 반대말이 무엇인가. 사기(死氣)다. 생사를 가르는 것은 활동이다. 활동하는 것만이 생물이다.

왜 지겨울까. 지루해서 그렇다. 같은 상태가 계속되어 재미가 없고 답답하다. 그러니 생기가 없어질 수밖에. 무료(無聊)하다는 단어의 료(聊)에는 '귀가 울다'라는 말이 있다. 무료함이란 귀가 쫑긋해질 정도의 일이 없다는 뜻이다. 내 귀를 울리는 새로운 소식, 내 눈을 번쩍 뜨이게 할 일이 없으면 무료해지고, 지겨워지고, 지루해진다. 이를 막으려고 새로운 경험, 새로운 책, 새로운 상황을 마주해야 한다. 지루할 틈 없이 새로움을 찾아야 한다.

싫어함도 증상이다. 싫증도 병이다. 싫어함은 언짢음에서 나온다. 무언가 내 마음에 들지 않는다. 왜 마음에 들지 않고 거슬릴까. 순순히 받아들여지지 않는 이유가 무엇일까. 마음속에 호오(好惡)가 있으면 좋아함과 싫어함이 생긴다. 있는 그대로를 받아들이지 못하고 좋고 싫음을 따신다. 꽃이 있으면 있는 그대로 아름답구나 하고 생각하면 되는데, 이 꽃은 예쁘고 저 꽃은 마음에 들지 않으면 그때부터 증상이 시작된다.

싫어하는 증상이 있다면 반대로 좋아하는 증상이 있다. 조증(躁症)이 그것이다. 좋아하다 보니 조급하게 얻으려 든다. 다른 말로 조급증이다. 싫어하기에 꺼리고, 좋아하기에 조급해진다. 이런 싫증과 조증을 다스려야 한다.

싫증에 대한 처방은 어떻게 해야 할까. 좋고 나쁨에 대한 기준을 없애야 한다. 있는 그대로 받아들여야 한다. 맛있는 음식, 맛없는 음식이 아니라 감사한 음식이 있다. 오늘은 우산을 팔기 위해 비가 오길 바라고, 내일은 소금을 팔기 위해 해가 뜨길 바란다. 이를 미혹되었다고 말한다. 인생이 헷갈려 정신을 차리지 못한다. 오늘 부는 바람의 시원함에 감사하고, 내일 내리는 맑은 비에 감사한다. 싫증이 올 틈도, 조증이 나설 틈도 주지 않는다.

감사의 사(謝)는 사례하다는 뜻이다. 이 글자는 말(言)을 쏜다(射)는 말이다. 내가 느낀 것에 대해 정확하게 말로 적중시키는 것이 감사다. 말의 활로 싫증이나 조증을 쏴야 한다. 싫어하는 일, 조급한 일을 활로 떨어뜨려야 한다.

싫다는 말보다 받아들인다는 말로 바꿔보자. 좋다는 말보다 이해한다는 말로 바꿔보자. 좋고 싫은 삶보다 있는 그대로 알겠다고 하는 삶을 살아보자.

반응

인생은 반응하는 사람과 대응하는 사람으로 나눌 수 있다. 반사적으로 응하는 삶과 대면하여 응하는 삶이 있다. 반응하는 사람은 수동적이고 자동적이다. 가시에 찔리면 아픈 것은 반응이다. 대응하는 사람은 능동적이고 의식적이다. 옆 사람이 방구를 뀌었을 때 모른 척하고 넘어가는 사람이다.

삶에서 생기는 여러 사건들에 즉각적으로 반응하기보다 한 차례 가다듬고 대응하는 삶을 살아야 한다.

자극에 대응하여 어떤 현상이 일어날 때 무언가에 반응한다고 말한다.

'누구에게 반응하고, 반응하지 않을 것인가. 누구에게 마음을 쓰고, 마음을 덜 쓸 것인가, 마음의 크기와 그에 따른 반응을 정하는 일에 일상의 쾌, 불쾌가 달려 있다. 반응하지 않아도 되는 사람에게 반응하는 것은 불쾌함의 극치이다.'[15]

날씨가 더우면 불쾌해진다. 날씨가 상쾌하지 않고 끈적이면 짜증이 시작된다. 이런 짜증이 내 반응에 의해 나타날 수도, 없어질 수도 있다. 반응은 내 선택에 의한 결과물이다. 발생한 자극에 대해 짝을 맞추는 반응을 하는 것은 나 자신이다.

'반응'은 영어로 'Reaction'이다. 다시(Re) 행동(Action)하는 것을 뜻한다. 단순한 행동이 아니라, 한 번 인식한 일에 대해 다시 생각하고 선택하여 행동으로 옮기는 과정이다. 즉, 감각적으로 인지한 뒤 곰곰이 숙고하여 어떤 행동을 취할지 결정하는 것이 바로 '반응'이다.

반응은 충분히 내가 바꿀 수 있다. 학대당한 아이는 사탕을 주려고 내민 손을 보고도 과거의 기억이 떠올라 방어자세를 취한다. 깊이 뿌리내린 기억이 반응을 통제한다. 그럼에도 불구하고 우리의 재인식을 통해 다시 행동할 수 있는 기회가 주어진다. 때리는 아버지를 막을 수 있는 기회가 있고, 주어진 호의를 감사히 받을 수 있는 기회가 있다. 행동이 아니라 재행동이 곧 반응이다.

반응이 잘못되면 반대로 응한다. 응한다는 건 필요에 맞춰서 행동하는 일이다. 짜장면을 먹고 싶다고 말했던 상사가 나에게 점심으로 무엇을 먹고 싶냐고 물었을 때, 당연히 짜장면이라고 말할 수밖에 없다. 초등학생에게는 초등학생 수준으로 설명해야지 대학원생 수준으로 설명하면 올바른 '응'이 아니다. 스스로를 돌이키며 돌아보는 반응을 해야지, 보복하고 반대하는 반응을 하면 안 된다.

왼쪽 뺨을 맞으면 오른쪽 뺨을 내밀어라. '그렇게 하면 뭐가 좋아요' 라고 묻는다면 해줄 말은 한 가지밖에 없다. '그렇게 하면 당신 속이 편해집니다.' 마음속에 숨어 있던 자존심이 튀어나오면 왼쪽 뺨을 맞을 때 주먹으로 답한다. 문제는 주먹으로 얻는 것이 없다는 점이다.

그렇다고 해서 누가 때리는데 맞고만 있으라는 말이 아니다. 누군가 때리려고 하면 도망가야지 왜 계속 맞고 있나. 물론 안 맞아야 좋겠지만 세상일이 안 맞고 살기는 쉽지 않다. 수시로 들어오는 세상의 공격들에 대응하려면 첫째가 내 반응을 통제하는 일이고, 둘째가 환경에 알맞게 대응하는 일이다. 빈 배가 와서 부딪히면 화가 나지 않지만, 사람이 와서 부딪히면 화가 난다. 내 마음이 다르기에 '화'라는 반응이 나타난다.

어떻게 반응할 것인가. 에픽테토스가 강조한 이야기는 간단하다. 내가 부여하는 의미에 따라 결정된다. 나의 최선은 내가 통제할 수 있는 것에 집중하고 통제하지 못하는 것은 놓아버릴 때 가능하다. 내가 하는 생각, 사고과정, 그에 따른 반응을 통제하는 방법을 배워야 한다. 소리에 놀라지 않는 사자가 되고 그물에 걸리지 않는 바람이 되어라. 담담해질 뿐이다.

'안전지대에서 벗어나 스스로의 힘으로 성공하는 사람들에게는 중요한 특징이 하나 있다. 바로 믿음을 가진 것이다. 모든 성공은 믿음에서부터 시작한다. 믿음이란 더 큰 무언가를 믿는 것을 의미한다. 인생에 일어나는 모든 일을 통제할 수 없음을 인정하는 것, 즉 마음을 비우고 세상을 향한 감사함이 나를 채우도록 허락하는 것이 바로 믿음이다.'[16]

결정적인 순간 감정이라는 불청객이 찾아온다. 이를 통제하기 위해 감정을 분석해야 한다. 내 어떤 과거가 현재의 나에게 영향을 미쳤는가. 구체적인 상황을 되돌아보고 그곳에서 교훈을 얻어야 한다.

기대

사람이 살아갈 수 있는 이유는 희망이 있기 때문이다. 오늘보다 더 나은 내일을 바라는 마음은 누구나 갖고 있다. 오늘보다 내일이 더 안 좋아졌으면 하는 사람이 있을 리 없다. 그래프가 우상향하는 모습만 보고 싶은 것이 사람이다. 누구나 그러한 기대를 갖고 살아간다.

기대란 어떤 일이 원하는 대로 이루어지기를 바라면서 기다리는 일이다. 기대에는 바람과 기다림 모두가 필요하다. 어떤 일이 이루어지기까지 기다리는 것은 가능하다. 얼음을 얻으려면 물이 얼기까지 기다려야 한다. 여기에서 문제가 하나 발생한다. 물이 얼기를 바라기만 하면 어떤 일도 일어나지 않는다. 물을 얼리기 위해 통을 준비하고, 통에 물을 담아 냉동실에 보관하는 과정을 거친 다음 기다려야 한다. 실질적인 과정이 없으면서 바라기만 한다면 아무것도 이루어지지 않는다.

어떤 일을 바란다는 건 내 생각대로 이루어졌으면 하는 생각이다. 하지만 세상에 내 생각대로 이루어지는 일은 한 가지도 없다. 돈을 내 마음대로 벌 수 있나. 좋은 사람만 만날 수 있나. 내가 사랑하는 사람이 내가 원하는 대로 행동할 수 있나. 어떤 것도 내가 원하는 대로 되지 않는다. 잘못된 기대가 사람에게 문제를 일으킨다.

공기의 움직임에 의해 생기는 바람은 형태가 없다. 무더위에 부는 바람은 땀을 식혀주는 감사한 바람이다. 하지만 바람이 들어가면 안 되는 곳에 잘못 불면 헛바람이 된다. 이 헛바람을 조심해야 한다. 평상시에 하는 '이랬으면 좋겠다.'라는 헛바람이 잘못된 기대를 만들고 무의미한 기다림을 낳는다.

상대방에게 기대하기 시작하면 기대게 된다. 타인이 내 기대대로 되도록 애쓰다 보니 의지하기 시작한다. 의지한 순간 독립은 무너지고 항상 남에게 기대는 사람이 된다. 세상은 기대는 사람과 버티는 사람으로 이루어진다. 누군가에겐 버티는 사람이 되기도 하지만 누군가에겐 기대는 사람이 되기도 한다. 이런 관계의 위치가 지속적으로 변하지만, 기대하는 사람은 늘 기대는 사람이 되기에 어떤 관계도 상생이 되질 못한다. 관계조차 헛바람으로 무의미해진다.

건강한 변화를 시작하려면 기대를 버려야 한다. 어느 누구에게도 기대지 않는 삶을 살고, 기대하지 않는 마음으로 산다. 그저 그뿐이다. 이런 부모가 되었으면, 이런 팀장이 되었으면, 이런 자식이 되었으면. 그랬으면 하는 마음을 버려야 한다.

기대를 하지 않는 것이 가장 좋지만, 만약 기대를 한다면 어떤 기대를 해야 할까. 기대하다의 '기'는 두 가지 글자가 있다. 첫 번째 기(期)는 기약하다라는 뜻이다. 기한을 정한 약속이다. 우리의 기대는 상호 기대여야 한다. 상대와 명확하게 기한을 정하고 이때까지 어떻게 할지를 미리 정해두면 올바른 기대다. 사실 기대보다는 약속에 가깝다. 이는 막연한 기다림이 아니다.

증자의 약속에 대해 고사에 나온 내용이 있다. 증자의 아내가 시장에 가기 전 아이가 많이 울어서 달래기 위해 돌아오면 돼지고기를 사주겠다고 약속했다. 아이는 어머니의 약속을 믿고 저녁이 될 때까지 기다렸지만 돌아온 어머니는 그냥 지나가는 말로 여기고 돼지를 사오지 않았다. 그 모습을 본 증자가 없는 살림에 귀한 돼지를 잡아 아이에게 먹였다.

기약이란 기한을 정해둔 약속이다. 약속은 지켜져야 하고, 약속을 통한 기대는 올바른 기대이다. 그 기대에 맞게 내가 움직여야 할 필요가 있다. 기대가 어긋나면 절망이 되고, 작게 시작된 절망은 차후의 희망을 모두 끊어버리기에 약속을 중요시하는 것이다.

기대하다의 두 번째 기(企)는 계획하다, 도모하다의 뜻이다. 어떤 일을 이루기 위해 앞으로의 절차나 방법을 미리 생각해 보고 대책을 찾아본다. 어떤 그림을 그릴지 먼저 생각한 다음 그림에 필요한 재료와 도화지 등 필요 물품들을 준비한다. 계획하고 그 일을 이루어 내기까지 방법을 찾고 그다음 일이 잘 흘러가는 것을 기다릴 때 비로소 기대해도 된다.

기대는 약속과 계획이라는 행동이 수반된 다음 기다림의 과정이다. 행동이 없는 기대는 막연하기에 어떤 것도 이룰 수 없다. 끌어당김의 법칙이라는 유명한 말이 있다. 《시크릿》이라는 베스트셀러에서 나온

법칙인데, 어떤 것이든 간절히 바라면 이루어진다는 말이다. 이 법칙을 두고 많은 이견이 있다. 바라기만 하면 이루어진다는데 세상이 그렇게 쉽지는 않다. 단, 착각하지 말아야 할 점이 있다. 《시크릿》은 막연한 기대를 의미하지 않는다. 구체적인 대상에 대한 집중적인 생각과 목표를 이루기 위한 행동이 병행될 때 얻을 수 있다. 로또에 당첨되고 싶다면, 먼저 로또를 사는 행동이 반드시 선행되어야 한다.

'안타깝게도 스스로 선택한 일이라고 말하면서도 전혀 실행에 옮기지 않는 사람들을 볼 때마다 가슴이 아프다. 뭔가를 하지 않는 것은 문제가 안 된다. 하지만 하기로 해놓고 하지 않는다는 것은 전혀 다른 얘기다.'[17]

'바라지다'라는 말은 갈라져서 사이가 뜨다라는 말이다. 친구 사이에서 서로 바라면 사이가 멀어진다. 누구나 상대에 대한 바람을 갖고 있다. '이랬으면 좋겠다.', '저걸 샀으면 좋겠다.', '아이가 성공했으면 좋겠다.' 이런저런 바람이 바람을 타고 멀리 퍼진다. 문제는 내가 보내는 바람이 좋은 영향을 끼치면 좋으련만 나비의 날갯짓으로 태풍을 만들 듯 어딘가의 태풍으로 돌아오기 마련이다. 그 결과 바람 때문에 서로 갈라져 사이가 멀어진다. 이미 만들어진 태풍을 멈추라 말할 수 없으니, 태풍의 원인이 되는 우리의 날갯짓을 멈춰야 한다. 내면의 바람을 멈춰야 태풍이 멎는다.

바람을 뜻하는 풍(風) 속에 충(虫)이라는 벌레가 들어 있다. 내가 보내는 바람에 해충이 들어있을 수 있음을 경계해야 한다. '바람'은 어떤 일이 이루어지기를 기다리는 간절한 마음이다. 간절한 마음을 가지는 것까지는 좋다. 문제는 늘 기다리는 데서 시작한다. 나는 움직이지 않고 기도만 보낸다는 말인데, 이는 사랑한다면서 사랑한다는 말로 면피하는 것과 같은 맥락이다. 상대를 사랑하면 내가 움직여서 상대의 손에 물 안 닿게 하든가, 아니면 별을 따다 줄 수 없으니 상대를 밝게 빛나게 만들든가. 움직이지 않고 바람만 보내니까 사이가 뜰 수밖에 없다.

'Wind'와 'Wish'는 모두 'Wi'가 시작이다. 바람은 대부분 위를 향한다. 더 나아지고자 하는 바람, 부족함을 채워주기를 원하는 바람은 늘 높아지기 위함이다. 누구도 불행해지기 위해 소원을 빌지 않는다. 소원을 빌고 그다음은 움직여야 한다.

행동하지 않는 이유는 간단하다. 행동은 힘이 든다. 새롭게 변하기 힘들고, 변화를 위한 부담이 짓누른다. 안전한 환경에서 벗어나기가 어렵다. 행동 없이 기대만 하면 편하다. 바라기만 하면 되기 때문이다. 하지만 기대는 사람이 되지 않으려면 기대를 버리고 행동에 초점을 두어야 한다.

고통

  고통을 좋아하는 사람은 없다. 누가 자신은 고통을 좋아한다고 말하면 이상하게 쳐다본다. 취향이 이상하다고 여기며 살짝 멀어지기도 한다.
  고통이란 몸이나 마음이 괴롭고 아픈 일이다. 병이 들어 아프기도 하고, 오랫동안 반복되어 지루하기에 괴롭다. 슬픔이 내 마음을 괴롭히기도 하며, 어떤 자극에 의해 아플 때도 있다. 해결하기 어려운 일이나 복잡한 문제로 힘든 상태가 된다.
  운동선수들은 반복훈련으로 인해 신체 부위가 빨리 병이 들기도 한다. 동일한 부위에 지속된 자극은 아플 수밖에 없다. 인간은 무한한 체력과 힘을 갖지 않기에, 유한함 속에서 잘 달래가며 써야 한다. 오래 계속되기에 힘들고 이를 유지하며 힘쓰다 보니 병이 든다.
  고통(苦痛)의 고(苦)는 오래되다, 쓰다의 뜻이 있다. 오래된(古) 유적 위에 풀(艸)이 자라난다. 발걸음이 닿지 않은 곳에 풀이 우거지면 본래의 상태를 알아볼 수 없게 된다. 오래되고 낡음으로 생긴 괴로움이다. 통(痛)이란 아픔이다. 긴 대롱(甬)에 문제(疒)가 생겼다. 너와 내가 연결하기 위한 대롱에 문제가 생겼다. 연결하지 못해 슬프고 번민하고 사무치다 보니 원망한다. 소통이 멈추면 병이 드는 이유도 이것이다. 서로가 통하지 않으니 고통이 생긴다.

  오랫동안 지속되고 연결이 끊어져서 괴롭다. 이를 해결하려면 다시 연결해야 한다. 막힌 부분을 뚫는 뚫어뻥이 필요하다. 막힌 부분을 부숴야 한다. 이를 깨고 새는 부분은 막으며 닫아야 한다. 그래서 깨닫는다고 한다. 무엇이 내 고통을 만드는지 깨달아야 한다. 이 고통의 시작은 무엇인지, 내 마음이 아픈 이유가 무엇인지, 슬픔은 어디서 시작했는지 원인을 찾아야 한다. 나를 막고 있는 것은 무엇인가? 이 또한 생각해야 한다.

  복잡한 문제로 인해 힘들다면 그 일을 해결하기 위해 어떻게 행동해야 할지 고민하고 깨달아야 한다. 고통은 그 이후의 방법을 깨달음으로 인해 해결된다. 고통 앞에 멈춰 있으면 안 된다.

  고통을 무조건 피해야 하는 일일까. 그렇지는 않다. 사람은 힘겨운 일을 마주할 때 스스로를 발견한다. 장애물을 만나야 내가 온 길을 되돌아볼 수 있다. 평지만 걷는 사람이 되돌아볼 일은 드물지 않은가. 낭떠러지 위에 불안하게 이어진 흔들다리를 만나며 죽음을 생각하기도 한다. 가시덤불을 지나며 일상의 소중함을 느끼기도 한다. 편안함을 느낄 때는 생각하지 못한 일들을 고통을 마주할 때 느낀다.

  '알다시피 대장장이가 두드릴수록 강철은 더욱 강해진다네. 보리

밭은 밟힐수록 더욱 영글어지지. 인간의 모든 이야기는 결국 고통의 이야기야. 삶의 고통은 피해 가는 게 아니야. 정면에서 맞이해야지. 고통은 남이 절대 대신할 수 없어. 오롯이 자기 것이거든.'[18]

삶은 불편해야 한다. 불편한 일을 찾아서 해야 한다. 편(便)하다는 뜻에는 대소변의 뜻이 있다. 아직 대소변을 가리지 못하는 아기는 수시로 기저귀에 실례를 한다. 그것이 아기에게 편함을 준다. 그러다 점차 성장하며 대소변을 가리기 시작한다. 지금 화장실에 가고 싶어도 근처에 화장실이 없으면 참았다가 화장실에 가서 용변을 본다. 불편하지만 그렇게 해야 체면이 깎이는 더 큰 불편을 막는다.

지금의 불편으로 더 큰 불편을 막는다. 내가 선택한 사소한 불편이 미래의 거대한 불편을 막을 수 있다. 이 불편을 호미로 막고 있다고 여겨야 한다.

불편함에 방법이 있고 길이 있다. 불편한 길을 걸어가는 사람은 드물다. 편한 길을 찾으려 한다. 울퉁불퉁한 길이 아닌 평지만 걷고 싶어 한다. 그런 인생이 무슨 의미가 있고 재미가 있을까. 영화관에 갔는데 평온한 일상만 2시간동안 이어지는 영화보다는 주인공에게 닥치는 위기를 보며 가슴 졸이고, 힘든 모습을 보며 같이 슬퍼하고, 끝내 일을 해결하는 모습을 보며 함께 기뻐한다.

내가 찍는 영화가 어떻게 만들어질지는 스스로가 결정한다. 감독, 각본, 음향, 장소, 배우까지 모두 내가 만들어간다. 마지막 엔딩 크레디트가 나올 때 모두가 내 이름이다. 천만 관객을 향해 가려면 불편함을 선택해야 하지 않을까. 그런 과정을 겪었을 때 힘들었지만 보람찬 영화제작이 되고 영화 같은 인생이 된다.

행복

 행복은 누구나 꿈꾸는 목표다. 어렸을 때 꿈이 뭐냐고 물으면 대부분 행복한 삶을 말한다. 직장인들에게 물어봐도 행복한 삶이고, 학생에게 물어도 행복한 삶이고, 지나가는 사람에게 물어도 행복한 삶이라 말한다. 행복이 무엇이기에 모두가 행복을 말할까.

 심리학 용어 중 초점착각이라는 말이 있다. 좋은 회사에 들어가거나, 좋은 사람을 만나거나, 어떤 것이 이루어만 진다면 행복해질 것이라 믿는 착각이다. 삶을 전체적인 부분에서 생각해야 하는데 단편적으로만 보기에 문제가 생긴다. 늘 일희일비한다.
 삶에서 원하는 것을 얻었다고 해서 행복해지지는 않는다. 개인에게는 역치가 존재한다. 역치란 쉽게 말해 주차된 자동차를 움직이려고 할 때 움직이기 위한 최소한의 힘의 정도를 말한다. 한계치가 높으면 더 많은 힘을 가해야 한다. 내가 가진 행복의 커트라인이 높으면 그만큼 이루어야 할 것이 많아진다. 원하는 것을 얻기 위해 기를 쓰고 노력하지만 정작 목표를 달성했을 때의 행복도는 높지 않다. 무언가가 이루어지면 행복해진다는 착각에서 벗어나야 한다.

행복이란 삶을 살며 충분한 만족이나 기쁨을 느껴 흐뭇한 상태를 말한다. 무엇을 하면 만족하는가. '교통사고가 났는데 크게 다치지 않아서 다행이다. 주차를 하려고 보니 멀더라도 한자리를 찾아 주차할 수 있어서 다행이다.' 얼핏 보면 합리화라고 착각할 수 있지만 이는 합리화의 뜻을 헷갈려 하기 때문에 일어나는 오류다.

합리화란 방어기제의 하나로, 어떤 일을 하고 난 뒤 자책감을 없애기 위해 이를 정당화하는 과정이다. 여우는 신 포도를 먹지 못해 다행이라고 생각하지 않았다. 자신의 짧은 다리를 탓하고 싶지 않았기에 포도가 시다고 여겼다. 주차실력이 없어서 차를 못 세운 것은 아니지 않은가.

누군가 나에게 행복하냐고 물었던 적이 있다. 그때 나는 '다행까지는 되고 있는데 다복하지는 못한 것 같습니다'라고 대답했다. 삶에 만족하는 사람은 이만하길 다행이라 여긴다. 만족이 없다면 불만이 시작된다. 행복의 시작은 만족이다.

뜻밖에 일이 잘 풀리면 다행이다. 행운이 많은 것이 다행이다. 안 좋은 일이 더 커지지 않은 것도 운이다. 운이 많다고 생각해야 운이 좋아진다. 일본에서 경영의 신이라고 불리는 마쓰시타 고노스케는 신입

사원을 뽑을 때 운과 애교를 본다고 한다. 운이 좋다고 여기는 사람은 긍정적인 마음으로 여유 있게 살아가기에 훌륭한 인재가 된다고 보았다. 다행이라고 여기는 마음은 다행운을 부르기에 그다음 단계인 복을 받을 준비를 한다.

복이란 '삶에서 누리는 좋고 만족할 만한 행운'이다. 행복은 다른 것이 아니다. 내게 온 행운에 만족한 사람은 복을 누리는 사람이다. 운이란 움직임이다. 'Fortune'이라는 단어는 'For'이라는 앞으로와 'Tune'이라는 조율이 합쳐졌다. 앞으로 조율해 나가는 것이 운명이다. 내게 온 기회, 우연한 일 등의 찬스를 조율해 낼 때 우리의 운은 좋아지고, 복을 받는다.

결국 복을 받을 준비를 해야 한다. 복을 받을 그릇을 만들어놓은 다음에 복을 이야기해야 한다. 그 준비가 만족이라는 그릇이다. 그릇이라는 'Bowl'에는 공을 굴린다는 뜻이 있다. 그릇을 만든다는 것은 공을 굴려 목표를 맞춘다는 말이다. 복을 받기 위해 그릇을 만들고, 기회를 맞추기 위해 공을 굴린다. 삶은 조율해 나가는 과정이다. 기타를 조율하려면 조율기가 필요하듯, 인생에도 조율기가 필요하다. 그 조율기는 스스로가 갖고 있는 만족의 수준이다. 내가 만족한 만큼에 따라 줄을 튕겼을 때 조율된다. 만족이 없으면 조율기의 숫자는 계속 움직여 적절한 음에 맞추지 못한다. 만족이 먼저고 조율이 그다음이다. 만족이라는 기준이 없는 조율은 평생 반복만 하다 끝난다.

초연

평정심을 가지면 어떤 일에든 초연할 수 있다. 누가 내 사과를 훔쳐 먹어도 평온한 마음으로 다른 사과를 새로 사거나 그 일이 벌어진 원인에 대해 침착하게 생각한다.

초연하다는 말은 어떤 현실 속에서 갇혀 있지 않고 그곳에서 벗어나, 그 현실에 아랑곳하지 않고 의젓하다는 뜻이다. 현실이란 지금 내가 있는 현재를 말한다. 지금 내가 겪는 상황들이다. 살면서 중요한 시험을 앞두고 있거나, 나쁜 친구가 나를 공격했거나, 슬픈 일을 겪은 것처럼 다양한 상황들을 겪는다. 이러한 현실을 인식하고 그 현실에 관심을 두지 않고 신중하고 점잖게 행동해야 초연해진다.

먼저 지금 내가 겪고 있는 현실에서 벗어나려면 초월(超越)해야 한다. 초등학교에서 배웠던 초등(超等)을 이루어야만 초연한 마음을 가질 수 있다. 초(超)란 달리다(走), 칼(刀), 입(口)이 합쳐진 글자이다. 앞으로 달려가면서(走) 구멍(口)이 난 곳을 뛰어넘기 위해 날카로운 칼(刀)을 땅에 꽂아 지지대 삼아 넘어가는 모습이다. 내게 다가오는 장애물들을 날카로운 칼로 쳐낼 힘을 갖고 달려가는 모습이기도 하다.

힘들고 아픈 현실이지만 이 현실을 초월해서 볼 수 있어야 한다. 터널 속이 어둡다고 계속 터널 안에서 기다리기만 하면 절대 밝은 빛을 볼 수 없다. 빛이 나를 위해 찾아오지도 않는다. 내가 터널 밖으로 나가야만 빛이 보인다. 우물 속에 갇혀 있던 내가 그 우물을 훌쩍 뛰어넘어야만 새로운 세상을 만날 수 있다.

초월했다면 이제는 현실에 아랑곳하지 않고 의젓해야 한다. 아랑곳하다는 말은 어떤 일에 참견하거나 관심을 두는 일이다. 슬픔이 나를 찾아와도 슬픔에 참견하거나 부정하거나 관심을 두지 않는다. 무관심하게 슬픔을 쳐다본다. 참견이란 자기와 관계가 없는 일에 끼어들어 아는 체하는 모습이다. 그 슬픔이 나와 관계가 있다고 생각하는 순간 내 슬픔이 되지만 나와 관계없다면 내 슬픔으로 이어지지 않는다.

친구들끼리 이야기하는데 아무것도 모르는 사람이 와서 갑자기 이렇게 해야 한다고 말하면 어색해진다. 누군가 도와달라고 할 때 도와주면 지원이지만 도와달라고도 하지 않았는데 도와준다고 쓸데없이 나서면 이는 오지랖이자 참견이다. 어떤 일이 다가와도 내가 받지 않으면 된다. 그 일에 참견하는 순간 초월은 멀어진다.

아랑곳하지 않음이란 이렇게 참견하지 않고 자기와 상관없는 일에 흥미를 갖지 않고 마음을 쓰지 않는 일이다. 지금 내가 있는 현실은 내게 영향을 미치지 못한다는 생각으로 살아야 한다. 시험이 눈앞으로 다가오면 힘이 들지만 시험은 일어나는 일일 뿐이다. 시험을 보기 싫다고 안 볼 수는 없다. 바꿀 수 있는 일이 아니다.

여기에 핵심 요소가 있다. '스스로가 바꿀 수 있는 것에 집중하고 바꿀 수 없는 것은 미련을 두지 않는 태도'다. 지나간 버스에는 미련을 버리라는 말과도 비슷하다. 지나간 버스를 달려가서 잡으면 좋겠지만 그럴 수는 없으니 다음 버스를 기다리거나 택시를 타야 한다. 어떻게 할지에 대한 대응 방안을 생각하면서 사는 것을 아랑곳하지 않는 태도라고 말한다.

아랑곳하지 않은 태도로 의젓해야 한다. 의젓함이란 말이나 행동이 신중하고 침착한 태도를 말한다. 듬직하여 무게가 있고 늠름한 모습을 생각해 보자. 무게가 있으면 움직일 때 천천히 움직인다. 천천히 움직이니 침착한 태도로 매사를 신중하게 대한다.

이렇게 삶에 개의치 않는 태도를 초연하다고 말한다. 우물 안 개구리에서 초월하여 자연스럽게 벌어지는 일들에 참견하지 않고 받아들이며, 바꿀 수 있는 것에만 집중하고, 바꿀 수 없는 것에는 미련을 두지 않고, 신중하고 침착하게 매사를 대해야 한다.

물론 말처럼 초연하게 삶을 산다는 것은 쉽지 않다. 시험이 눈앞에 있는데 어떻게 초연할 수 있겠는가. 사랑하는 사람이 아픈데 어떻게 초연해질 수 있을까. 하지만 불안과 걱정으로 해결되는 일이 없다는 사실을 알아야 한다.

처음부터 초연한 사람은 없다. 차근차근 연습하며 조심하고 침착한 태도로 초월하려고 노력할 뿐이다. 초연(初演)이라는 단어는 처음 연극을 시작할 때를 말한다. 연극을 시작할 때 무대 위에 서 있으면 얼마나 떨리겠는가. 그럼에도 그 일을 즐기는 연기자들을 보며 당당하게 나가는 방법밖에 없다는 사실을 배운다. 능숙한 배우처럼 태연하게 매사를 대할 때 삶이 여유로워진다. 괜히 몰려오는 불안감에 참견하지 말자.

여유

커피숍에 앉아서 길을 걸어가는 사람들의 모습을 살펴볼 때가 있다. 따뜻한 햇살을 즐기며 얼굴에 웃음을 머금고 걸어가는 사람이 있는가 하면, 우울한 얼굴로 터벅터벅 걸어가는 사람도 있다. 미소를 머금은 사람들에게는 여유가 있다.

여유 있는 사람이 되고 싶다. 물질이나 시간이 모자라지 않고 넉넉하여 남을 때 여유가 생길 수 있다. 그런데 시간이 많다고 해서 꼭 여유가 있는 것은 아니다. 늘 조급한 사람에게는 자유시간이 주어져도 시간에 쫓긴다.

여유란 단순히 물질이나 시간이 풍족한 상태만을 의미하지 않는다. 물론 자원이 넉넉할 때 여유가 생기기도 하나, 그것이 여유의 본질은 아니다. 시간적 여유가 있음에도 불구하고 조급한 성향을 지닌 사람은 오히려 그 시간 속에서 쫓기는 느낌을 받는다. 이는 여유가 외적 조건이 아닌 내적 태도에서 비롯됨을 시사한다. 결국 진정한 여유란 스스로를 몰아세우지 않고, 현재를 충분히 음미하며 살아가는 마음가짐에서 비롯된다.

사전에서는 여유를 느긋하고 차분하게 생각하거나 행동하는 마음의 상태라고 말한다. 또는 대범하고 너그럽게 일을 처리하는 마음의 상태이다.

여유로우려면 느긋해야 한다. 여유의 핵심은 느긋함이다. 충청도에서 흔히 하는 농담이 있다. '그렇게 바쁘면 어제 오지 그랬슈?' 느긋함이란 마음이 흡족하여 넉넉한 모습이다. 내 마음이 충분히 만족하고 감사할 때 넉넉함이 가능해진다. 넉넉함은 기준을 채웠는지에 달려 있다. 기순에 미달하면 넉넉함은 존재하지 않는다. 기준은 나의 기준이지 상대방의 기준이 아니다. 상대방은 밥 한 공기를 다 먹어야 만족하는데 나는 반 공기만 먹어도 만족한다. 욕심 많은 사람은 기준이 한없이 높아 절대 인생에 만족하지 않는다. 여유 있는 사람은 지금의 삶에 감사하기에 만족한다. 이런 사람들이 '행복'에서 말한 역치가 낮은 사람이다. 작은 일에 행복해서 마음이 흡족하다. 그래서 느긋함을 얻는다.

느긋함의 다음 단계는 차분함이다. 마음이 들뜨면 몸도 들뜬다. 흥분한 상태에서의 결정이 가장 위험하다. 마음을 가라앉히고 흔들림 없이 고요하게 만들어야 한다. 눈을 감고 들이마시고 내쉬는 호흡에 집중해 보는 것도 좋다. 가만히 움직이지 않고 상황을 지켜봐야 한다. 쿨하다는 말처럼 머리를 식혀야 한다.

차분함이 이어지면 대범해진다. 대범해지려면 사소한 것에 얽매이지 않고 너그러운 태도를 가져야 한다. 오늘 걸어가다 넘어졌던 사소한 생각에 신경 쓰지 않는다. 체면이 상해 부끄러우면 사소함에 얽매인 것이다. 넘어졌으면 다시 일어나서 담담하게 걸어가면 된다.

차분하고 대범하면 비로소 너그러워진다. 마음이 넓고 속이 깊어진다. 누군가를 충분히 이해하고 수용할 수 있는 마음의 깊이가 있다. 내 마음의 넓이만큼 수용한다. 내 마음이 좁으면 좀스러운 사람이 된다. 도량이 좁고 옹졸해진다. 변변치 않아지고 답답해진다. 한없이 가벼워지고 얇아진다. 이를 경박한 사람이라 말한다. 경박하지 않고 대범해지기 위해 여유를 가져야 한다.

만족의 기쁨을 갖고 고요하게 바라보며 옹졸해지지 않고 속이 깊어질 때 우리는 여유가 생긴다.

여유가 있다는 말을 'Have to spare'이라고 한다. 'Spare'는 예비용을 말한다. 예비용으로 갖고 있는 물건이 없으면 여유가 없어진다. 몸을 아끼지 않고 일한다는 뜻도 있다. 여름에 놀며 농사짓지 않으면 겨울에 살아남을 여유가 없다. 개미가 여름에 열심히 일했기에 베짱이는 얼어 죽었지만 개미는 살아남았다.

볼링에서의 스페어는 처음 쓰러뜨리지 못한 핀을 두 번째에 모두 쓰러뜨렸을 때를 말한다. 첫 번째 시도가 실패했더라도 침착하게 목표를 보고 두 번째 시도를 하는 것, 그것이 여유다.

여유를 찾는 가장 좋은 방법이 있다. 바로 실력을 갖는 것이다. 대학생이 초등학교 문제집을 풀 때 한없이 여유가 있지만 대학원 과제를 풀려면 오랜 시간이 걸린다. 초등 문제집을 풀 충분한 실력이 있지만 대학원 과제를 풀 실력이 없다. 여유는 실력에서 나온다.

만족의 마음은 내 실력이 있기에 옹졸해지지 않고 차분하게 바라본다. 바둑기사 이세돌이 한 유명한 말이 있다. '자신이 없어요. 질 자신이요.' 실력이 있기에 당당하고 여유 있게 살아간다.

조급함은 내가 가진 실력의 부족에서 오는지도 모른다. 실제로 갖추고 있는 힘이 있어야 한다. 누군가가 한 말이나 책에서 본 말을 전달하는 전달자가 아니라 충분히 이해해서 설명하고 강의할 수 있을 정도가 된 사람이어야 한다.

실(實)이란 열매를 말한다. 나무에서 열매를 맺기 위해 묘목부터 잘 키워야 한다. 실력은 지난한 과정이 필요하다. 이를 견뎌낸 사람만이 인내는 쓰고 열매는 달다고 말한다. 여유는 실력에서 비롯된다. 실력을 쌓기 위한 과정은 늘 필요하다. 세상에 공짜는 없다.

질문은 지식의 문을 여는 열쇠이다. 호기심에서 시작된 질문은 집중을 불러일으키고, 깊은 생각으로 이어진다.

독서는 생각을 풍부하게 만드는 도구이며, 학습은 지식을 체계적으로 쌓아가는 과정이다. 배운 내용을 요약할 때 비로소 핵심이 명확해지고, 효과적인 선택이 가능해진다. 질문에서 시작해 선택에 이르는 과정은 지혜로운 삶의 길잡이가 된다.

4장.
지식과 학습

질문
지식
집중
생각
독서
학습
요약
선택

질문

'거울아 거울아 이 세상에서 누가 제일 예쁘니.' 백설 공주에 나오는 왕비는 늘 마법의 거울에게 질문한다. 물론 질문의 의도가 명확하기에 정해진 답만 나온다. 백설 공주 전에는 왕비가 제일 예뻤던 것을 보면 왕도 눈이 높았던 것으로 보인다. 어쨌든 왕비는 늘 질문을 하는 습관이 있었다. 늘 자신을 점검하고, 오늘의 미모가 어제보다 떨어지지 않았는지 살폈다.

질문이란 알고자 하는 바를 얻기 위해 묻는 일이다. 질문에는 두 가지 종류가 있다. 첫 번째는 왕비가 했던 질문처럼 스스로를 점검하기 위한 질문이다. 나는 오늘 잘 살았는가? 내가 부족했던 사항은 없는가? 더 발전하려면 무엇을 해야 할까? 이런 내면의 성장을 위한 성찰적 질문 또는 자각적 질문이다. 두 번째는 모르는 것을 얻기 위한 질문이다. 세상에는 배워야 할 것들이 굉장히 많다. 사람은 살면서 대부분의 사항들을 모르고 떠난다. 농사짓는 법을 알까? 농사지은 벼가 식탁에 오기까지 과정을 알까? 물이 어떻게 정수되어 오는지 알까? 이런 다양한 앎에 대해 대부분 무지하다. 무지함을 깨우치기 위해 묻는 의식적 질문이 있다. 무언가를 더 배우기 위해 물어야 한다.

 소크라테스가 유명한 이유는 많은 질문을 던져서 그렇지 않을까. 내가 많이 알지 못하니 유식하다고 소문난 사람들에게 찾아가 질문을 던졌다. 많은 질문을 통해 스스로 진리에 닿게 만든다. 질문을 통해 진리로 향하는 문을 연다.

 'Question'이라는 단어에는 '의심하다'는 뜻이 있다. 무언가 의심 가는 사항이 있으면 당연히 질문이 떠오른다. 기존과는 다른 점이 존재할 때, 기존의 익숙함에 낯섦이 추가될 때 '왜 저렇지?'라는 생각은 당연하다. 이런 질문이 없다면 삶에 새로움이 없다고 볼 수 있다. 달에 대해 알게 된 것은 달이 변하기 때문이었고, 날씨에 대해 알게 된 것은 날씨가 변하기 때문이었다. 어떤 것이든 변하는 것에 질문을 던진다. 사람도 스스로 변하기에 성찰의 질문을 던지고, 환경도 변하기에 의식적 질문을 던진다.

> '익숙해진다는 것은 뭘까요? 생물학적으로 말하면, 나의 감각을 총동원할 필요 없이 이미 연결된 시냅스의 고속도로를 통해 무의식적으로 정보를 처리한다는 것을 의미합니다. 그에 반해 새롭다는 것은 환경에 대한 기득지가 없는 곳에서 살아남기 위해 본능적으로 오감을 깨워야 하는 상태를 말합니다. 사실 이는 불쾌하고 불편한 감정입니다.'[19]

기득지란 기존에 얻은 지식을 말한다. 새로운 곳에서는 기존의 지식이 큰 소용이 없기에 불편이 생긴다. 새로운 곳에 적응하기 위해서는 불편함을 감수해야 한다. 불편함을 해소하기 위해 질문을 시작한다.

게임을 하면 여러 가지 임무가 주어지는데 이를 'Quest'라고 한다. 이 'Quest'에는 탐색의 의미가 있다. 새로운 지역을 탐색하며 드러나지 않은 곳을 환히 밝힌다. 우리 주변에는 아직 개척하지 않은 미지의 대륙이 존재한다. 이런 대륙을 개척하기 위해서는 가장 먼저 미지의 대륙이 있다는 사실을 알아야 한다. 이는 너 자신을 알라는 조언으로 연결된다. 내가 아직 많이 알지 못하기에 늘 배우겠다는 나 자신의 부족함 인식에서 알고자 하는 의지로 나아간다. 그래서 겸손한 사람만이 질문을 통해 배운다.

공자가 한 귀퉁이를 들지 않으면 세 귀퉁이는 들어주지 않는다는 말을 한데에는 이유가 있다. 하고자 하는 의지가 없다는 말은 배울 의지가 없는 것이고, 알고 싶지 않은 것은 안다고 착각하고 있기 때문에 그렇다. 그 착각을 누군가 깨줄 수는 없다. 스스로가 열심히 질문하며 깨나가야 한다.

백설 공주의 이야기가 끝나고 마법의 거울은 어떻게 됐을까. 질문의 해답을 위해 멘토로 썼을까, 아니면 분란의 씨앗으로 여기며 깨버렸을까. 답하는 자는 죄가 없다. 진실을 들을 용기가 있다면 그런 멘토가 있음에 감사해야 하지 않을까. 살면서 질문에 답을 해줄 수 있는 사람이 있다면 그 삶은 성공이다. 그런 사람이 되고자 노력하고, 그런 사람을 구하고자 애써야 한다.

지식

알음을 넓혀야 한다. 알음이란 단어는 아름답다는 말과 비슷하게 생겼다. 아름이란 두 팔을 벌려서 껴안은 둘레를 말한다. 각자에게 아름은 다르기에 아름다움을 따진다는 것은 주관적이다. 내 기준에 맞는 아름다움이 있다고 이해해야 한다. 알음이란 지식이나 지혜가 있다는 말이다. 우리는 알음을 넓혀야 하고, 아름도 넓혀야 한다. 알음과 아름이 넓어졌을 때 이를 앎을 넓혀간다고 말한다.

지식이란 'Knowledge'라는 뜻이다. 'Know'는 깨닫고 알게 되었다는 뜻이고, 'Ledge'는 선반을 말한다. 선반에 내가 알고 있던 앎을 정리해 놓아서 언제든지 꺼내어 쓸 수 있는 상태가 지식이다. 책을 열심히 보고 그 책을 다른 사람에게 설명할 수 있을 때 우리는 지식이 있고 무언가에 대해 안다고 말한다. 설명할 수 없다면 안다고 말할 수 없다.

내가 가진 선반에 어떤 것도 정리되어 있지 않고 마구잡이로 쌓여있다면 꺼내기 어렵다.

새롭게 알아가는 것은 생각 속에 후크를 하나씩 늘려가는 것과 같다. 여러 종류의 후크를 벽에 설치해 놓으면 스쳐 가는 것들을 쉽게 잡아낼 수 있다. 튀어나온 후크만큼 걸리는 물건들이 많아진다. 이런 선반들이 많아지면 우리가 받아낼 수 있는 지식이 늘어나기에 아는 만큼 보이게 된다. 부자는 더 부자가 되고 빈자는 더 빈자가 되는 이유는 후크가 있는 사람과 없는 사람에게 걸리는 정보의 양이 다르기 때문이다.

지식이란 무언가를 배우거나 배우면서 알게 된 이해를 말한다. 우리가 하는 이해는 지식에 속한다. 지식을 쌓아야 하는 이유는 무엇일까. 알아야 면장을 하기 때문이다. 면장을 읍장이나 면장으로 알지만 이는 잘못된 말이다. '알아야 면장을 한다'는 문장은 공자가 아들에게 한 말에서 유래되었다. 공자가 지나가다 아들에게 '주남과 소남을 배우지 않으면 담장을 마주하고 선 것과 같다.'라는 말을 했다. 사서삼경 중 하나인 〈시경〉에 주남과 소남이라는 부분을 공부하지 않으면 꽉 막힌 사람이 되고 만다는 공자의 말이다.

개인적으로는 알아야 면장을 한다는 말은 장애를 면할 수 있다는 말로 해석한다. 세상에는 수많은 장애물들이 있다. 내 앞길을 가로막고 거치적거리는 장애물들이 있을 때 이를 잘 해결할 수 있으려면 앎이 필요하다. 어떻게 대처할지를 알아야 허둥거리지 않고 해결책을 찾는다. 부딪치며 배울 수도 있지만 먼저 안 다음 마주쳤을 때 덜 고생하며 배울 수 있다. 태어나면서부터 아는 사람은 없다. 배우면서 알아가고 고생하며 알아간다. 앎을 통해 내 앞을 가로막는 장애물과 내게 해를 끼치는 장해물을 없애며 나아갈 때 조금씩 넓어지고 성장한다.
　지식을 위해서는 저변을 넓혀야 한다. 바닥을, 밑바탕을, 기초를 다지고 넓혔을 때 고층 빌딩을 지을 수 있다. 지식을 넓히려면 폭넓게 공부하고 수용해야 한다. 다양성을 갖추기 위해 다양한 분야의 독서를 하고 경험을 해야 한다.

　'Wise up'이란 눈뜨게 하다는 뜻이 있다. 북유럽 신화의 유명한 신 중 오딘이 있다. 토르의 아버지로 유명한 오딘은 애꾸눈으로 그려지는데, 애꾸눈이 된 이유가 지혜를 얻기 위해서였다. 미미르가 지키고 있던 지혜의 샘물을 마시기 위해 한쪽 눈을 바쳤다. 이 말은 내가 지금까지 알고 있던 앎을 버리고 새로움을 받아들여야 한다는 뜻이다. 지혜를 얻고자 한다면 새로운 눈을 떠야 한다.
　지혜의 신인 오딘의 어깨 위에는 후긴과 무닌이라는 두 마리의 까마귀가 있다. 후긴은 생각, 무닌은 기억을 의미한다. 지혜를 얻으려면 어떤 일을 깊게 생각한 다음, 그 일을 잊지 말아야 한다.
　지혜란 아주 작은 일을 잊지 않고 지키는 일이다. 한 번 실수할 수는 있지만 그 일을 반복하면 실수가 아니라 실패다. 컵이 떨어질 수 있지만 컵이 다시는 떨어지지 않을 위치에 두는 것이 지혜다. 한번 떨어졌음을 잊지 않는 것, 그것이 지혜다.

　지식의 지(知)는 화살(矢)과 과녁(口)을 의미한다. 내가 활을 쏠 때는 항상 목표물이 필요하다. 목표물을 본 다음 화살을 조준한다. 지식은 명확하다. 1 더하기 1은 2라는 결론이 나올 수 있다. 목표를 조준했으면 맞추거나, 못 맞추거나 둘 중 하나이다. 지혜의 지(智)는 다르다. 지식에 태양(日)이 붙어있다. 태양은 한결같이 동쪽 하늘에서 서쪽 하늘로 진다. 태양이 비추지 않는 곳이 없다. 지혜는 과녁이 온 세상이다. 온 세상에 맞게 그 지식을 펼친다. 1 더하기 1은 10이 될 수도 있지만 0이 될 수도 있다. 지혜는 그 상황에 맞아야 한다. 지식이 활용되어 적합하게 들어맞을 때 지혜가 된다. 차가운 바람이 길을 떠나던 나그네의 옷을 벗기지 못한다. 따뜻한 햇살이 결과를 이루어 낸다.

지식이 있는 사람이 되고 지혜가 넘치는 어른이 되자. 지식이 넘치면 전문가가 되고, 지혜가 넘치면 스승이 된다. 도를 안다는 건 길을 안다는 말이다. 길을 안다는 건 나아가야 할 방향을 알려준다는 말이다. 지혜가 있을 때 우리는 상대가 나아가야 할 방향을 알려줄 수 있다. 자녀가 물어볼 때 지식으로 대답할 수도, 지혜로 대답할 수도 있다. 70점 맞은 아이에게 남은 30점을 위해 열심히 하라고 하면 지식적인 대답이다. 70점 맞은 아이에게 네가 아는 것을 다 썼으니 너는 100점이라고 말해야 지혜로운 답이다.

집중

초등학교 때 선생님의 탁상 위에 종이 하나 있었다. 교실에서 학생들이 시끄럽게 떠들다가도 선생님이 치시는 종소리 한 번에 순식간에 조용해지는 교실이었다. 그 종소리가 우리의 집중을 만들었다.

집중(集中)이란 한 가지 일에 모든 힘을 쏟아붓는 일이다. 집중하면 하나의 중심으로 모인다. 새(隹)가 나무(木) 위에 있다. 나무는 고요하게 쉴 장소가 된다. 고요함 속에 새가 날아가지 않게 주의집중 해야 한다. 집중(執中)의 의미는 조금 다르다. 한쪽으로 치우침이 없이 마땅하고 떳떳한 도리를 취한다는 말이다. 중심을 잡는다는 뜻이다. 첫 번째 집중은 정신을 집중하여 흔들리지 않아야 하고, 두 번째 집중은 적중을 잃지 말아야 한다.

우리가 흔히 말하는 집중은 첫 번째 집중이다. 집중하여 일을 할 때는 순식간에 일을 처리하지만, 집중을 잃으면 한없이 길어진다. 두 번째는 중심을 제대로 잡아야 할 때 쓰인다. 한쪽으로 치우치면 편견에 빠진다. 편견은 편향을 부르고, 편향은 왜곡된 삶을 만든다. 중심이란 고정되어 있지 않다. 중심점은 상황에 따라 변경된다. 한쪽의 무게에 맞게 중심점이 변한다. 기준은 평생 같을 수 없다. 무게가 변하는 순간에 맞춰 내 기준도 따라 변해야 한다. 반드시 이렇다고 할 일이 없다. 매 순간 변하기 때문이다. 이런 변화를 집중해서 놓치지 않아야 한다.

 물고기를 잡을 때 집중해서 기다린다. 낚싯대를 놓지 않고 고요하게 있어야 한다. 집중한 다음 고기가 잡혔을 때 단번에 줄을 감는다. 집중을 잃으면 고기도 잃는다.

 집중하려면 초점을 맞춰야 한다. 안경을 쓸 때 초점을 잘 잡지 않으면 선명하지 않다. 주의가 집중되는 중심부가 있어야만 집중할 수 있다. 인생에서도 초점을 잡는 연습이 필요하다. 어디에 초점을 두고 살아갈 것인가는 선택이다. 내가 선택한 초점 이외에는 흐릿하게 보인다. 내가 좋은 사람에게만 초점을 둔다면 나쁜 사람들은 저절로 흐릿해진다.

 초(焦)라는 글자는 그을리다는 뜻이다. 타오르는 심지를 말한다. 새(隹)와 불(火)이 합쳐진 글자다. 쉽게 말해 치킨을 떠올리면 된다. 치킨에서 나는 향기로운 냄새에 저절로 집중하게 만든다. 향기가 나는 그곳에 온 정신을 기울인다.

 초점을 맞추고 집중한다. 집중하여 중심을 잃지 않는다. 중심을 잃지 않고 편견 없이 세상을 대한다. 있는 그대로 볼 수 있을 때 고요함이 가능해진다. 더 큰 고요함으로 세상을 바라볼 때 양질의 집중으로 이어진다. 이런 반복 과정이 될 때 당황하지 않는 삶이 된다.

생각

　살아 있는 사람은 생각을 한다. 죽은 사람은 생각하지 못한다. 살아있기에 끊임없는 생각을 한다. 좋은 생각이든, 나쁜 생각이든 끝없이 이어진다. 생각을 잠깐 멈추고 싶어도 쉽게 멈추지 않는다. 하얀 코끼리를 생각하지 않으려고 노력하면 할수록 하얀 코끼리는 머릿속에서 떠나지 않는다. 생각을 멈추려고 명상을 해도 생각을 쉽게 멈추기 어렵다.

　생각이란 무엇인가. 어떤 일을 헤아리고 판단하는 작용이다. 어떤 일을 가늠하여 내 기준에 맞게 판정한다. 머릿속에는 모든 일에 판결을 내리는 판사가 존재한다. 이 판사가 올바르게 일을 하면 정확하게 시비를 가리는 명판사가 된다. 정이 있는 판사라면 불쌍한 이들을 보며 판단의 기준을 그에 맞게 낮추는 융통성을 갖고 있을 것이다. 문제는 아주 칼같이 판결하여 어린아이가 실수로 가져간 사탕에 징역 판결을 내릴 때 발생한다. 머릿속 판사가 세상 모두를 판결하여 감옥으로 보내면 내 주위는 아무도 남지 않는다. 모든 일은 지나치면 안 되기에 판사가 함부로 판결 내리지 않도록 유의해야 한다.

생각이란 기억이다. 내가 태어났을 때부터, 어쩌면 어머니 뱃속에 있었던 일까지의 기억들이 모여 만들어진다. 생각을 멈추고 싶으면 내가 기억하는 일부터 멈춰야 한다. 기억을 어떻게 멈추는지는 간단하다. 내가 보는 것을 줄이고, 듣는 것을 줄이면 된다. 내 기억상자에 좋은 일만 넣고, 나쁜 일은 용서하고 잊어버려야 한다.

생각은 내가 관심 갖는 일이다. 마음이 끌려 온 정신이 집중된다. 생각을 줄이려면 내 관심분야를 내려놓아야 한다. 눈앞에 있는 일에만 관심 갖고 집중하고 나머지는 잊어야 한다.

생각은 앞으로 일어날 일에 대한 상상이다. 상상은 내 기억의 조합일 수도 있고, 경험하지 않은 일을 그려보는 일이 될 수도 있다. 결론은 일어나지 않은 일에 대한 창조다. 불행의 시작은 잘못된 상상에서 비롯된다. '실패하면 어떡하지?', '갑자기 병이 난다면?' 다양한 상상을 현실로 착각한다. 우리의 뇌는 현실과 생각을 구별하기 어려워한다. 뜨거운 불꽃을 상상하게 하면 피부에 땀이 나는 신체 반응이 일어나기도 한다. 불안한 상태에서는 불행한 상상을 부른다. 이런 상상에 휘둘리지 않아야 한다.

생각은 내 의견이나 느낌이다. 내가 느낀 것들은 내 생각이다. 책을 만졌을 때 갖는 느낌은 내 생각이다. 책을 보고 모두가 같은 생각을 하지 않는다. 기존 생각이 모두 다르기 때문이다.

생각에 대해 종합적으로 살펴봤을 때 지켜야 할 일이 있다. 내 판단이, 내 기억이, 내 상상이, 내 느낌을 현실로 있는 그대로 받아들이지 않아야 한다. 생각은 그저 생각일 뿐이다. 생각이 내 삶을 조종하게 해서는 안 된다. 내가 탄 배의 조타수는 나 자신이지 생각이 아니다. 물론 생각의 힘이 강력하기는 하지만 생각은 충분히 바꿀 수 있다.

과도한 생각은 망상이 된다. 꿈을 방해한다. 그래서 물어야 한다. 이 생각이 진짜인가? 도움이 되는가? 기분이 나아지는가?

'다음번에 여러분이 스트레스받는 상황의 한가운데에 서게 되면 스스로에게 묻자. 나는 문제에 초점을 맞추고 있는가, 해결에 초점을 맞추고 있는가?'[20]

생각을 뜻하는 한자 중에 생각 념(念)과 생각 임(恁)이 있다. 념을 풀면 지금(今)의 마음(心)이다. 지금 내가 어떤 마음을 갖는지에 대한 생각이다. 과거를 생각하거나 미래를 생각하는 것이 아니라 지금 이곳 이 시간에서 지금을 생각한다. 말하는 바로 이때만을 생각해야만 올바른 생각이다. 과거의 내가 나를 괴롭히고, 미래의 걱정이 나를 불안하게 만들 때 생각의 전환이 필요하다. 지금의 나로 돌아오는 것이 올바른 생각이다.

'과학 교육의 좋은 점은 과거보다 현재를 중요하게 여긴다는 것이다. 틀린 것으로 밝혀진 과학은 그 과정을 배울 수는 있지만 진리로 받아들이지는 않는다.'[21]

과학이 과거가 아닌 현재에 집중했기에 많은 발전을 이룰 수 있었다. 현재에 집중하는 것만이 발전의 길이다.

임(恁)은 책임(任)을 지는 마음(心)이다. 생각이란 내가 맡아야 할 일에 대해 책임지는 마음이다. 부여받은 일에 대해서만 생각한다. 내가 부여받지 않은 다른 사람의 일이나 다른 공간의 일에 대해서는 생각하지 않는다.

사슴의 뿔은 주기적으로 빠지고 자란다. 다 자란 사슴의 뿔은 겨울 즈음에 빠지고 봄에 다시 자란다. 이를 낙각(落角)이라고 한다. 떨어진 뿔은 다양한 곳에 활용된다. 가끔 나무에 걸려 있는 사슴뿔들이 발견이 되기도 하는데 동물들의 먹이가 되기도 한다.

뿔이 저절로 빠지기 전에 잘라낸 뿔을 생각(生角)이라고 한다. 생각이란 자연스러움이 아닌 인위적인 개입이다. 사슴의 입장에서는 슬프겠지만 뿔이 최고의 가치가 있을 때 잘라내어 활용한다. 생각이란 사슴의 뿔을 잘라내는 것처럼 내면에서 가치 있는 재료를 모아 활용하는 과정이어야 한다. 그 생각이 내 아픈 과거를 헤집는 일일지라도 새로운 가치를 위해 잘라내어야 한다.

잘라내어야 하는 생각은 과감하게 끊어내야 한다. 결단(決斷)의 결(決)에는 빠르다는 뜻이 있고, 단(斷)은 끊어냄이다. 빠르게 끊어내야 결단이다. 앞으로는 불필요한 생각을 빠르게 끊어내는 결단이 필요하다. 늘 그렇지만 좋은 생각보다 나쁜 생각을 하지 않는 것이 더 낫다.

독서

 인생에 있어 성장하기 위해서는 독서를 빼놓을 수 없다. 책을 읽지 않고 성공할 수는 있으나, 성공한 사람들은 대부분 책을 손에서 놓지 않는다.
 독서(獨棲)라는 말이 있다. 혼자 사는 삶이라는 뜻으로 홀로 거처하며 쉬는 장소가 독서다. 독서를 하면 홀로 존재할 수 있다. 많은 사람들이 혼자 있기를 어려워한다. 함께 있어야 할 것 같다고 느낀다. 독서를 하면 홀로 있어도 나쁘지 않다는 느낌이 생긴다. 고독이 삶에 깃들 때 나만의 서식지를 만든다. 온전히 쉴 수 있는 공간을 독서를 통해 만든다.
 독서를 하면 세상이 고요하다. 작가와 대화를 시작하다 보면 어느새 나 자신과 대화하고 있다는 사실을 발견한다. 한 권의 책을 3주 동안 읽어보는 시도도 좋다. 양질의 책 한 권을 매일 읽으면 느낌이 다르다. 내가 책을 읽다가 깨달은 사실은 한 가지 목표의 완성을 위해 조급하게 달리기만 한다는 점이었다. 책의 내용을 담고 살피는 것보다 책 한 권 읽는 목표에 집중하여 읽었다. 나에 대한 특징을 깨닫게 되고 이를 고쳐야 한다는 마음이 의식에 떠올랐다. 독서가 계속될수록 독서를 통해 스스로에 대한 여러 가지 깨우침이 일어난다. 이때 잘 적어놓고 독서가 끝난 뒤 내가 누구인지 살피는 시간을 갖는 것이 좋다. 그것이 책을 넘어 나를 읽는 독서다.

독서는 나를 읽는 것과 같다. 초보자의 독서는 책의 지식을 얻지만 고수의 독서는 자기 자신을 읽는다. 책은 나를 읽기 위한 매개체다.

독서에는 다섯 가지 방법이 있다. 첫째, 일반적인 독서(讀書)다. 독(讀)이라는 글자는 말(言)을 파는(賣) 행위다. 대상을 읽고 이해하며 내가 가진 아이디어, 지식을 팔아 이로움을 얻는다. 책을 읽고 나면 팔 수 있어야 한다. 책장만 늘리는 쇼핑독서가 되면 안 된다. 얻은 내용을 파는 '세일즈 독서'가 되어야 한다.

둘째, 홀로 읽는 독서(獨書)다. 책은 홀로 사색하며 읽어야 한다. 물론 동아리를 통해 함께 읽고 공유하기도 하지만 평생을 함께 읽지는 못한다. 앞서 말한 나만의 서식지를 만드는 것처럼 홀로 고요하게 읽어야 한다.

셋째, 감독의 독서(督書)다. 감독처럼 전체를 살피며 읽어야 하며, 게으른 나를 독촉하고 지속하도록 독려하는 독서가 필요하다.

넷째, 독을 품고 읽어야 하는 독서(毒書)다. 책은 독사처럼 읽어야 한다. 한번 물면 놓지 않고, 독하고 모질게 읽어야 한다. 어떤 일이 닥치더라도 견디어 내며 읽어야 한다.

　다섯째, 진심을 다해 독서(篤書)해야 한다. 몸과 마음을 하나로 모아 집중해서 읽어야 한다. 도탑다라는 뜻의 독(篤)은 대나무(竹) 사이를 걸어가는 말(馬)의 모습이다. 대나무 숲에서 말은 달릴 수 없다. 앞을 살피며 천천히 걸어가야 한다. 이러한 신중한 태도를 갖고 잘 살피고 진심을 다하여 읽을 때 올바른 독서가 된다.

　언매독서(言賣讀書), 고독서(孤獨書), 감독서(監督書), 혹독서(酷毒書), 돈독서(敦篤書)라는 다섯 가지 독서 방법을 통해 오독오독 씹어 먹는 독서를 이루어야 한다.

　지속하는 리딩(Reading)이 이어져 남을 이끄는 리딩(Leading)이 될 때 선두에 설 수 있는 자격이 갖춰진다. 리더는 늘 책에서 손을 놓지 말아야 한다. 책을 통해 많은 경험과 생각, 창의성, 해결책들을 배운다. 과거와 현재를 연결하고, 다양한 경험을 현실에 적용할 수 있는 생각능력을 갖춘다. 독서를 통해 사색하고, 사색을 통해 사려 깊은 생각이 가능해진다. 생각하는 힘을 기를 수 있는 가장 유용한 도구가 바로 책이다. 아침 10분만이라도 조금씩 읽는 습관을 들이면 아침을 맑게 시작하는 데 도움을 주고, 자기 전 10분 독서가 하루를 정리하고 마무리하는 도움을 준다. 어떤 경우든, 시간이든 도움이 되는 일이 독서다. 꾸준하게 독서하여 성장해야 한다.

　작가 찰스 두히그는《습관의 힘》에서는 쐐기돌 습관이라는 개념을 이야기했다. 아치형태의 다리가 형태를 유지하는 이유는 가운데에 자리한 쐐기돌 때문이다. 내 인생에서 가장 핵심적인 습관을 찾아내어 삶에 적응해 보면 다른 습관을 쉽게 만들 수 있다. 예를 들어 아침에 일찍 일어나는 하나의 습관에 집중해서 100일을 반복한다. 평일, 주말 상관없이 100일을 반복하면 일상으로 자리 잡는다. 반복을 멈추거나 다른 추가적인 목표를 설정하지 않고 오로지 설정한 시간에 일어난다는 목표를 가져야 한다. 100일이 지났을 때, 이제는 아침 기상이 자연스러워졌을 시점에 일기를 쓰거나, 운동을 하거나, 독서를 하는 등의 습관으로 확장하면 된다.

우리가 가장 먼저 가져야 하는 습관이 바로 이 쐐기돌 습관(Keystone habit)이다. 무엇이 중요한지를 설정한 다음 쉽고 작게 시작해야 한다. 독서도 마찬가지다. 핵심적인 습관을 먼저 완성한 다음 책을 손에 들면 된다. 매일 정시에 출근하는 것을 습관화하면 남는 시간에 독서로 손을 뻗으면 된다. 처음부터 책을 많이 읽겠다고 자만하지 말고 작게 시작해서 꾸준히 이어가면 된다.

학습

'모든 생의 보이지 않는 완벽한 원리를 더욱 잘 이해하기 위해서 배움의 노력과 연습을 중단하지 말라.'《갈매기의 꿈》에 나오는 감명 깊은 말이다. 보이지 않는 진리를 위해 할 수 있는 노력을 다한다. 먹이를 구하기 위해 하늘을 나는 갈매기가 아닌 비행 자체를 사랑하는 갈매기가 되어야 한다. 억지로 무언가를 하는 삶에는 의미가 존재하지 않는다. 의미가 없는 삶은 동력이 없고, 동력이 없으면 자발성이 생기지 않는다. 자발적이지 않은 삶에 어떤 희망이 있을까. 그 삶은 무의미하다.

하늘을 사랑한 갈매기 조나단에겐 배움의 과정이 꿈을 향한 길이었다. 학습에 대한 시간은 꿈을 향한 과정이다. 제갈량이 자손에게 한 말이 있다. 비학무이광재 비지무이성학(非學無以廣才 非志無以成學). 배우지 않으면 재능을 펼칠 수 없고, 뜻이 없으면 배움을 이룰 수 없다. 조나단이 비행을 배우지 않았다면 자유를 느낄 수 없었고, 꿈을 실현할 수 없었다. 배움이 나를 자유롭게 한다.

새로움을 배우고, 배운 것을 익숙하게 만들어야 한다. 《논어》의 첫 구절인 학이시습지(學而時習之)를 축약하면 학습이 된다. 공부하고 때에 맞게 익혀야 한다. 때에 맞는 공부가 필요하다. 학생일 때는 학교 공부가 때에 맞는 공부이고, 성인이 되면 현재에 맞는 공부를 해야 한다. 이 사람에게 때에 맞는 공부란 어떻게 하면 아이를 잘 키우는지, 튼튼한 울타리를 만들어주기 위해 사회적 능력을 쌓아야 하는지 등의 공부가 필요하다. 요리공부가 될 수도 있고, 금융공부가 될 수도 있다. 때에 맞게 배워서 익히지 않으면 똑같은 행동만 반복하게 된다. 매 순간 변하는 사람과 환경에 맞게 스스로도 변해야 한다.

> '격변의 시대에는 배우는 사람이 세상을 물려받는다. 배움을 멈춘 사람은 더는 존재하지 않는 세상을 살아갈 기술밖에 남지 않았음을 깨닫게 될 것이다.'[22]

세상을 살아가는 데 있어 배움은 불가피한 영역이다. 세상이 변하면 사람도 변해야 한다.

어려움을 겪으며 변하는 사람이 있는 반면, 학습을 통해 앎이 충족되어 변하는 사람이 있다. 고통스러움에서 벗어나기 위한 변화와 더 나은 앎을 위한 변화는 결과는 비슷하겠지만 과정은 극과 극이다. 변하기 쉬울 때 바꿔야 한다.

배움이 학이고 익힘이 습이다. 공부하며 설명하고 가르침 받은 일을 잊지 않아야 학이다. 배움이란 새로운 지식, 교양, 기술 등을 얻는 일이다. 항상 세상에는 새로운 일들이 많고, 많은 새로움을 내가 얻고자 하는 태도가 필요하다.

'우리는 늘 인생 학교의 나이 든 학생으로 남을 수 있다. 스스로 배우려는 이 의지가 생생한 정신의 표시다. 새로운 앎은 무덤에 갈 때까지 계속되리라.'[23]

새로움은 늘 우리 주변에 존재하고, 연속된 새로움은 우리를 젊은이로 남게 만든다.

배움이란 타인을 본받아 따르는 일이다. 아이는 가장 먼저 부모에게 배운다. 부모가 하는 모든 일을 따라 한다. 사투리를 쓰는 부모의 아래에서 사투리를 배우고, 욕을 하는 부모 밑에서 욕을 배운다. 배움은 습성을 몸에 붙게 만들어야 한다. 내가 얻은 것들을 습관으로 만들어야만 배움이다.

익힌다는 건 두 가지 뜻이 있다. 첫째, 열을 가해 성질을 달라지게 만든다. 생고기를 익히면 먹을 수 있는 음식이 된다. 둘째, 자주 경험하여 능숙하게 한다. 익히기 위해선 열정이 있어야 하고, 반복을 통해 어색하지 않게 만들어야 한다. 경험하고, 배우고, 얻은 모든 재료들을 먹을 수 있도록 익히는 과정이 있어야 제대로 된 학습이다. 반복하지 않으면 생고기를 먹는 것과 같다. 책도 반복해서 읽어야 내 것이 되고, 영어단어도 반복해서 외워야 기억에 남는다. 같은 일도 반복해야 적응이 된다. 적응이 안 된다면 반복이 부족했는지 살펴보자.

'개별 지식에 매달리지 않고, 늘 생각하고, 내가 아는 것끼리 모순 없이 연결되는가를 늘 점검해야 한다. 무엇보다 지식을 재산으로 여기지 않아야 한다.'[24]

배우면 지식을 얻는다. 다만 새로운 지식만이 내 삶의 전부인 것처럼 살아서는 안 된다. 공부란 새로움을 얻어 익숙하게 만드는 과정이다. 그 과정에 학위라거나 자격증이라는 많은 산출물들이 나올 수도 있다. 주객이 전도되어 산출물만이 재산으로 여겨지면 안 된다. 공부란 생각을 멈추지 않고 이것저것의 연결을 꾸준하게 배우고 즐길 뿐이다.

배움은 내가 느끼는 감정에 즉각적으로 반응하지 않고 한 번 생각하게 만든다. 어떤 자극이 일어나도 쉽게 흔들리지 않고 욕망을 제어할 수 있는 이성이 만들어진다. 그래서 배우고 생각하는 과정을 거친 사람이 오래 살아남은 것이다. 멈춰야 할 때 멈출 줄 알았고, 가야 할 때 떠날 수 있었다. 배움을 늘 멈추지 않아야 어디서든 생존할 수 있다.

'공부란 곧 자기파괴다. 그렇다면 무엇을 위해 공부하는가? 바로 자유로워지기 위해서다. 자유로워진다는 것. 그것은 지금보다 많은 가능성을 생각하고 실행에 옮길 수 있는 새로운 자신이 된다는 말이다. 즉 새로운 행위의 가능성을 여는 것이다.'[25]

우리의 공부는 자유를 위한 공부이다. 생각의 폭을 넓히고 배운 것을 행동으로 옮긴다. 어제보다 나은 오늘을 만들어 낸다. 하나씩 새롭게 만들어간다. 그렇다고 해서 내가 다른 사람이 되는 것이 아니다. 어제보다 성장한 오늘의 내가 되는 것이다.

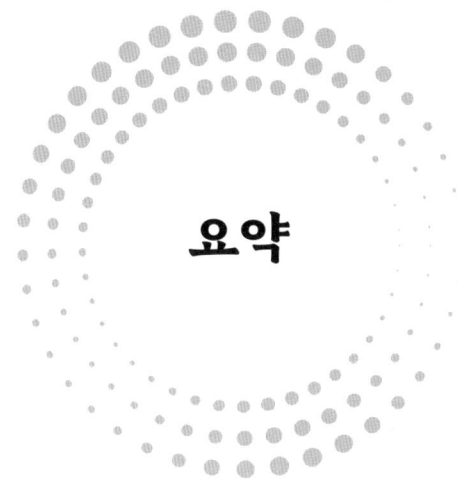

요약

 사이토 다카시가 쓴 《요약이 힘이다》라는 책에서는 요약의 중요성을 강조한다. 시간은 한정되어 있고, 짧은 시간 동안 전체적인 맥락을 파악한 뒤 중요한 정보, 핵심이 되는 줄기를 뽑아 도출해 내는 능력이 요약이다. 짧다고 좋은 요약이 아니며, 목적에 적합한 핵심을 찾아내는 요약능력이 있어야 사회에서 살아남을 수 있다.

 요점을 찾는 힘이 필요하다. 내게 꼭 필요하고 중요한 점을 찾아내야 한다. 각자에게 필요한 요소는 다르다. 목마른 자에겐 물이 필요하고, 배고픈 자에겐 음식이 필요하며, 영업을 배우고 싶은 자에겐 영업과 관련된 자료가 필요하다. 요점은 필요에 의해 달라진다. 내가 원하는 바에 따라 다르게 다가온다. 어떤 이는 해리포터 시리즈에서 학습이란 어떻게 해야 되는가를 요점으로 뽑을 수 있고, 불교 서적에서 음악을 찾을 수 있다.

물론 저자가 말하는 요점과 내가 찾은 요점이 다를 수 있다. 그럴 때는 합리적인 연결이 필요하다. 내 생각과 타인의 생각이 다르다. 이는 당연한 말이다. 생각이 같으면 문제가 있다. 쌍둥이도 같은 생각을 안 하는데 어떻게 생판 모르는 남이 같은 생각을 하겠는가. 대신 상대의 생각을 이해하는 능력은 필요하다. 책이 말하는 요점과 나의 요점 모두를 요약해야 한다. 개인적인 독서를 할 때는 내 기준에 맞추면 되지만 사회에서 일어나는 다양한 일들에서는 사회적인 필요에 맞춰야 한다. 요구에 대한 기준은 늘 다르기에 이를 유념해서 요약해야 한다.

요약을 'Summary'라고 한다. 라틴어 'Summa'에서 유래되었고 정상, 꼭대기, 근본, 전체를 의미한다. 요약이란 곧 최고의 결과물이고, 정상에서만 볼 수 있는 광경이다. 전체를 알지 못한 상태로 요약이란 불가능하다. 전체의 핵심을 다룰 수 있는 능력이 요약이다. 정상에 오를 때까지 주변에 있는 많은 가지들을 쳐내가며 올라가야 한다. 정상에 오르는 과정도 중요하지만 불필요를 제거하는 과정도 중요하다.

한 번에 정상에 올라야 요약이 쉽다. 책을 요약하는 가장 쉬운 방법이 있다. 한 권을 통째로 읽고, 필요 없는 내용은 빠르게 넘기며 읽으면 된다. 책 한 권을 읽을 때 전체를 읽어야 한다는 생각을 버려야 한다. 책 한 권이 진리가 아닌데 단어 하나까지 살피다 보면 핵심조차 기억에 남지 않는다. 한 권의 책만 보는 것보다 여러 권의 책에서 핵심을 얻어 연결하는 연습이 훨씬 유익하다.

요약(要弱)은 가냘프고 약하다는 뜻이다. 어리기에 당연히 약하다. 어릴 때 강한 사람은 아무 데도 없다. 물론 스파르타에서는 어린아이를 강하게 키웠겠지만 21세기에 그런 곳은 드물다. 요약의 힘은 약하다. 한 권의 책이 한 문장으로 줄여지는데 어떻게 약하지 않을 수 있을까. 작고 짧고 간결하기에 요약이다. 쉽게 날아갈 수 있는 것이 요약이기에 빠뜨리지 말고 잘 적어야 한다.

요약(療藥)은 약으로 병을 고친다는 말이다. 요약이라는 약으로 복잡한 문제를 해결할 수 있다. 고치는 약이 바로 요약이다.

요약을 통해 핵심을 파악하고 내게 유익한 방향으로 활용한다. 세상에 무수히 많은 정보가 나열되어 있는데, 이를 요약하지 않고서는 정보의 홍수에서 살아남을 방법이 없다. 어떤 일을 하는가에 관계없이 요약능력은 필수적으로 갖춰져야 한다.

선택

    인생은 선택의 결과물이다. 오늘 어떤 선택을 하는가에 따라 내일이 달라지고, 1년이 달라지고, 10년이 달라진다. 오늘 어떤 책을 읽는가에 따라 지식의 방향이 달라지고, 오늘 이떤 밥을 먹는가에 따라 영양 상태가 결정된다.

    인생에 선택권이 주어진다는 말은 기회가 아직 존재한다는 말이다. 수용소 수감자들에게는 선택지는 없다. 선택지가 여러 개 주어졌을 때 잘 선택해야 죽을 때까지 선택한다. 시간이 흐를수록 선택지는 하나씩 사라진다. 죽기 직전 우리에게는 단 하나의 선택지만 남는다. 선택지가 하나만 남는다는 말은 곧 죽음밖에 남지 않았다는 말과 같다. 죽기 살기로 어떤 일이든 해야 하는 이유는 조기에 죽음이라는 선택지를 고르지 않기 위함이다.

선택은 꼭 필요한 것을 골라 뽑아야 한다. 선택하려면 내게 무엇이 필요한지 알아야 한다. 선택에 앞서 '지금 내게 반드시 필요한가?'를 물어야 한다. 필요 없는 선택지를 지우고, 남아 있는 선택지 중 최선을 택해야 한다.

어떤 선택지가 최선인지는 모른다. 다만, 결정한 다음 내가 선택한 결정을 최선으로 만드는 최선이 있으면 된다. 선택에는 기준이 필요하다. 주식과 관련된 책 중에서 하는 조언이 있다. 언제가 저점이고, 언제가 고점인지는 신도 모른다. 내가 판단해서 낮게 평가받고 있는 주식에 투자를 한 다음 기다려라. 내가 목표한 수익률을 이루었을 때 미련 없이 매도해라. 확실하게 움직이는 것만이 답이다.

결정이라는 뜻을 가진 'Decision'은 라틴어 'Decidere'에서 유래되었는데, 이는 주어진 다른 선택지들을 없앤다는 말이다. 선택의 뜻에 '환경이나 조건에 맞는 것만 살아남고 그렇지 않은 것은 죽어 없어지는 현상'도 있다. 선택은 내가 처한 환경에 맞아야 한다. 분수에 맞지 않는 선택은 도태되는 길이다. 내 연봉이 3,000만 원인데 1억 원짜리 자동차를 구매한다면 올바른 선택이 아니다. 만약 구매한다는 선택을 한다면 그 후에 나올 수 있는 선택지는 파산이라는 한 가지밖에 없다.

선택을 하려면 자기분수 파악이 우선이다. 내 기준에 맞는 선택지를 골라야 한다. 내 팔 길이가 얼마인지 알아야 서랍장 높이를 선택한다. 주제파악이 된 다음 분간할 수 있다.

정리하자면 주제파악 하여 주어진 선택지에서 내게 적합한 선택지를 골라야 한다. 책을 많이 보라는 이유가 바로 주제파악을 위함이기도 하다. 책을 볼 때 항상 작가가 말하는 의도가 무엇인지, 책의 주제는 무엇인지 알고자 한다. 책의 주제를 파악하는 연습을 하며 스스로의 주제를 파악하는 연습도 된다. '책의 주제가 뭐지?'라는 질문을 하며 '내 주제는 뭐지?'라는 질문으로 넘어가면 쉽게 파악이 가능해진다. 내가 한 권의 책을 쓸 때 하루에 1장씩 쓸 수 있다면 그것이 내 주제다. 하루에 10장씩 쓸 수 있다고 착각하는 순간 선택지가 꼬인다. 주제파악이 먼저 된 사람만이 올바른 선택을 한다.

언제나 자유자재한 선택을 할 수 있는 단 한 가지가 있다. 바로 내 마음이다. 내 마음은 오로지 내가 선택할 수 있다. 내 마음은 언제나 선택할 수 있다. 마음은 태도가 되고, 태도는 행동이 되기에, 언제나 마음의 선택에 따라 삶이 달라진다.

오늘 해야 할 마음이 들지 않는 것은 어떤 이유에 의해서가 아니라 오로지 내가 하기 싫어서 그런 것이다. 환경을 탓할 수 없다. 내 마음은 내가 선택하기 때문이다. 습관은 마음의 길을 개척해 놓은 상태이기에 의식적 선택보다는 무의식적으로 하게 만든다.

마음을 올바르게 선택해야 한다. 환경에 개의치 않고 단단한 마음으로 가고자 하는 선택을 내려야만 외면의 내가 움직인다. 세상의 선택지가 주어져도 내면의 마음이 선택하지 않으면 아무 소용 없다.

'인생이 잘 안 풀릴 때에는 절대로 결단하지 말고 지나가게 내버려 두세요. 이렇게 하는 습관을 들이세요. 이유가 무엇이든 그것이 가장 나쁜 선택을 하지 않도록 도울 것입니다.'[26]

가끔 선택을 하기 어려울 때가 있다. 그럴 때는 기다리는 것도 답이 된다. 화가 났을 때 결정하지 않는 것처럼, 풀리지 않는 일이 있을 때 잠시 접어두고 머리를 식히러 나가자. 매몰된 곳에서 벗어나 탁 트인 하늘을 바라보면 보이지 않던 선택지가 보이기 마련이다. 한 걸음 쉬어가는 것도 답이 된다.

내가 내린 결정이 운이었는지 아니었는지를 알려면 수많은 선택을 해보아야 한다. 행운의 여신이 내 옆에 있었던 것인지, 아니면 내가 한 판단이 좋은 결과를 만들어 냈는지를 말이다. 계속하지 않으면 운인지, 판단인지 알 수 없다. 결론은 선택을 지속해야 한다는 것이다.

철학은 변화를 이해하고 받아들이는 지혜의 시작이다. 삶은 끊임없는 여행과 같아서 매일 새로움을 발견한다. 그 과정에서 내게 주어진 소명을 발견한다.

하루하루 쌓여가는 시간 속에서 나잇값을 해야 한다. 명절처럼 특별한 순간은 지나온 길을 돌아보고 앞으로 나아갈 방향을 결정할 시간이 된다.

매 순간 낭만이 숨어 있다. 일상의 반복 속에서도 소소한 아름다움과 의미를 찾는 마음, 그것이 삶을 더욱 빛나게 만든다.

5장.

생활과 성찰

철학
변화
여행
소명
하루
나이
명절
낭만

철학

 인생은 철학을 갖고 살아야 한다고 말한다. 철학이라는 말을 들으면 벌써부터 머리가 아파오지만 한 번쯤 생각을 해봐야 하는 문제이다. 철학이란 무엇인가.

 철학이란 인간과 세계에 대한 근본 원리와 삶의 본질 따위를 연구하는 학문이다. 사람이 살아가는 원리와 본질을 끝까지 파고들어 조사하여 진리를 따지는 공부이다.
 진리를 따진다는 것은 질문에 대한 답을 찾는 과정이다. 좋은 삶이란 무엇인가. 올바른 사람이 되려면 어떻게 해야 할까. 그전에 올바른 사람이란 무엇일까. 진리란 무엇일까. 부유함이 반드시 인생에 필요할까. 인생에 이런 질문을 던지는 시간이 필요하다. 이를 철학을 찾는 시간이라 표현하기도 한다.

철학은 자신의 경험에서 얻은 인생관, 세계관, 신조를 말하기도 한다. 삶을 살아가면서 직접적으로 얻은 지식이나 깨달음을 통해 인생을 어떻게 바라보는지, 세계를 어떻게 바라보는지 그리고 나는 어디에 믿음을 두고, 가치를 두며 살아가는지를 고민할 때 철학을 갖는다 말한다.

철(哲)은 밝고 슬기롭다는 뜻이다. 사람이 무언가를 알아가기 시작하면 슬기로워지고, 슬기로워지면 모르는 것이 없어지며 밝아진다. 시작은 밝아지겠다는 결단이다. 모르는 부분 없이 많은 분야를 공부하고 습득하여 밝아지는 것을 목표로 결단할 때 철학이 시작된다.

손(扌)으로 도끼(斤)라는 도구를 들고 입(口)으로 말하는 일이다. 도끼는 나무를 베는 데 사용한다. 우리가 도끼로 베어야 하는 것은 숲이다. 숲속을 헤치고 그 속에 있는 내용을 볼 수 있어야 한다.

금지된 곳(禁)으로 들어가는 것이다. 숲(林)으로 들어가 눈으로 보는(示) 일이다. 숲에 들어가려면 도끼가 있어야 수풀을 헤치고 들어간다. 목표는 금지된 숲에서, 세상이 막아놓은 곳에서 나의 빛을 찾아내는 일이다.

금지된 숲이란 한계를 말한다. 인생에서 한계를 깨는 힘은 오로지 결단을 통한 배움뿐이다. 모르는 것을 알아가기 위해서는 배우는 수밖에 없다. 경험이든, 습득이든, 통찰이든 관계없이 자신만의 한계에서 벗어나 밝은 삶을 살기 위해 우리는 도끼를 들어야 한다.

우리는 어떤 철학을 가져야 할까? 바로 '개똥철학'이다. 보통 우리가

'개똥'이라 부르는 사소한 것들은 아무 가치가 없다고 여겨지지만, 그런 작은 생각들도 철학으로 승화시킬 수 있다. 개똥철학이란, 별것 아닌 일상적인 것들 속에서 의미를 찾아내고 그것을 소중히 여기는 철학이다. '개똥도 약에 쓴다'는 속담이 있다. 세상에서 아무리 작은 것이라도 그 안에 가치를 찾아낼 수 있다는 뜻이다. 우리에게 필요한 것은 바로 이러한 개똥철학이다.

  플라톤이 말한 고전적인 철학도 물론 중요한 한 분야이지만, 이 자리에서 말하는 개똥철학 또한 철학의 중요한 부분이다. 철학이란 결국 각자가 자기만의 도끼를 들고 한계를 벗어나기 위해 애쓰는 모든 과정을 의미한다. 그 과정에서 우리는 일상 속에서 찾은 사소한 생각들을 자신의 철학으로 바꾸어 나간다. 그것이 철학의 길이다.

  우리가 그어놓은 한계선에서 벗어나야 한다. 금지된 선을 도끼로 베어내며, 그 과정에서 얻은 모든 경험을 나만의 도구로 만드는 것, 그것이 바로 철학이다. 철학은 어려운 책에서만 찾을 수 있는 것이 아니라, 바로 우리가 사는 이 일상 속에서 끊임없이 실천하고 발견해 나가는 것이다.

변화

 변화라는 단어를 말하기는 쉬우나 행하기는 어렵다. 자기계발서를 읽고, 동기부여 영상을 보고, 여러 이야기를 듣고, 강의도 보며 여러 번 변화의 다짐을 하지만 크게 변하지 않는다. 습관적 다짐이 지속되다 보면 자기불신이 생기고, 굳어진 자기불신은 더 이상 변화에 대해 신경 쓰지 않는 삶이 된다.

 변화의 시작은 자기수용이다.

> '불교에서 제시하는 변화는 깊은 통찰을 통해 자신을 있는 그대로 받아들이는 데서 시작됩니다. 그러면 자신의 업에서 벗어날 수 있죠.'[27]

 자기계발은 의미가 없다. 자기는 계발하는 것이 아니라 찾는 것이다. 우리 모두는 이미 부족함이 없는 존재이다.

불교는 누구나 변할 수 있다고 본다. 불교에서는 무상(無常)과 무아(無我)를 강조한다. 무상이란 세상은 늘 변한다는 말이고, 무아란 나라고 불리는 무언가가 없다는 말이다.

'영원불변한 자아란 없다. 지금 이 몸뚱이는 그저 오롯이 조건에 따라 결합된 형상일 뿐이다.'[28]

환경은 고정값이 아니다. 늘 변하고, 수시로 바뀌는 환경에 맞게 변하는 내가 있다. 어제의 내가 오늘의 나와 같지 않을 수 있다. 사람이 변하지 않는다는 말은 틀렸다. 사람은 조건에 맞게 변한다. 변하지 않는 이유는 조건 값이 매일 똑같이 입력되었기에 그렇다. 늘 같은 생각을 하며 다른 결과를 내기를 바라는 것은 바보다.

'현상은 모두 각종 조건들이 모여 형성된 것이기 때문에 그러한 조건이 변하게 되면 현상도 역시 그것을 따라 변하는 것이며 본래 신정한 실체는 없다.'[29]

변화란 성질, 모양, 상태가 달라지는 일이다. 성질이란 본바탕이다. 내 근본이 되는 고유한 특성을 말한다. 본바탕이란 쉽게 말해 어렸을 때부터 내가 봐왔던 것들의 집합이다. 세 살 버릇 여든까지 가듯 어렸을 때 익혔던 습관이나 봐왔던 경험이 내 본바탕이 된다. 사실 이 본바탕을 바꾸기는 쉽지 않다. 지금까지 경험했던 것들을 어떻게 한순간에 바꿀 수 있을까. 다만, 변해야 한다는 사실을 잊지 말아야 한다. 내 본바탕은 잘못되지 않았다. 사회의 때가 묻어 더럽혀진 내 본바탕을 씻는 작업을 할 뿐이다. 그 작업이 수행이 될 수 있고, 명상이 될 수 있고, 일기 쓰기가 될 수 있다. 나 자신을 찾는 작업이다.

모양은 외형, 생김새를 말한다. 외형을 바꾸는 것은 가장 쉽다. 가장 쉬운 머리 스타일부터 바꿔보자. 물론 머리를 손질하는 것보다 더 쉬운 방법이 있다. 얼굴에 미소를 짓는 일이다. 미소 짓는 얼굴로 변하면 분명 변화가 시작된다. 행복해서 웃지 않고 웃으니까 행복해진다. 상대의 웃음을 보고 스스로가 웃기도 한다. 그러니 미소, 웃음부터 시작해 보자.

'Change'에는 옷을 갈아입다, 갈아타다, 기분전환 등의 뜻이 있다. 변화하기 위해서 해야 할 일이 단어 속에 들어 있다. 첫째, 내 외형의 변화가 첫 번째다. 변하고 싶으면 옷장부터 바꿔라. 깨끗한 옷을 입으면 마음가짐이 달라진다. 외면의 변화를 통해 내면의 변화로 연결한다. 또 이부자리를 정리하고 바꿔보자. 이불도 다른 색으로 바꿔보자.

둘째, 변화하려면 내가 지금 타고 있는 버스에서 내려 다른 목적지의 버스로 갈아타야 한다. 지금 목적지가 옳다고 생각하면 변화하지 않아도 된다. 단, 다른 목적지로 가야겠다는 생각이 있다면 당장 버스에서 내려야 한다. 나와 함께 타고 있던 사람들과 멀어지고 새로운 사람이 있는 버스로 갈아타야 한다. 두꺼비에게 헌 집을 주고 새집을 받아보자. 그를 위해 기존의 것들과의 이별이 필요하다.

셋째, 기분전환이 필요하다. 늘 비가 오는 곳에서는 축 처지기 마련이다. 기분전환을 위해 내게 선물을 주거나, 나를 위해주는 사람을 만나거나, 노래방에서 목이 터지도록 노래를 불러보자. 내가 무엇을 할 때 기분이 좋아지는지를 알기도 해야 한다. 나는 스트레스를 받을 때 코인노래방에서 10분 동안 열창하는데 이 시간이 기분전환에 굉장한 도움이 된다.

'변화가 너무 급진적이고 과격해서는 안 된다. 과거의 자아가 강력하게 저항하면 어떤 습관도 새롭게 정착시킬 수 없다. 대신 당신의 삶을 바꾸는 데 가장 핵심적이면서도 실천하기 쉬운 몇몇 습관에 집중하는 편이 바람직하다.'[30]

앞서 말한 핵심 습관과 같이 작은 일부터 하나씩 시작해 보는 것이 좋다.

변화란 단순한 새로움이 아니라, 본래의 진면목을 찾아가는 과정이다. 나답게 살아가기 위해 변화하는 것만이 진정한 긍정적 변화라 할 수 있다.

여행

나는 중학교 2학년 때부터 혼자 여행을 다녔다. 지금 생각해 보면 어린 나이에 쉽지 않은 도전이었지만 그 당시는 아무 생각이 없었다. 새로운 곳을 보는 것도 좋았지만 어려운 점도 많았다. 고속버스를 타고 가던 도중 휴게소에서 추첨에 당첨되었다고 하며 시계를 줬다. 물론 그 시계를 받기 위해 돈을 내야 했는데 한 달 용돈보다 더 많은 돈을 지불했었다. 음식이 안 맞아 고생했던 적도 있었다. 하루에 40km 걸으며 행군 아닌 행군을 하기도 했었다. 그런 다양한 일들을 경험하며 어디로 가든 길은 있다는 사실을 배웠다.

여행은 도전이다. 안전 공간에서 벗어나 낯선 곳으로 자발적으로 들어가는 과정이다. 여행을 뜻하는 'Travel'과 문제를 뜻하는 'Trouble'

이 비슷하게 생긴 이유도 그런 맥락이지 않을까. 여행 계획을 세우지만 계획대로 되지 않는 것이 여행이다. 버스를 잘못 타 다른 지역으로 가기도 하고, 한 번도 맛보지 못한 음식으로 이상반응이 나타날 수 있다. 언어가 다르기에 소통의 오류가 발생한다. 다양한 문화의 충돌이 여행하는 내내 발생한다. 그런 문제들을 이해하고 해결해 나가는 연습을 할 수 있다면 좋은 여행이겠지만, 문제없는 편안한 여행은 아무 도움이 되지 않는다.

똑같은 일이 반복되는 일상에서 벗어나 생소한 일이 일어나는 곳으로 환경을 바꾼다. 환경을 바꾸면 사람이 변한다. 만나는 사람이 바뀌면 그에 대응하는 나도 바뀐다. 여행은 변화하기 위해 간다. 여행지에는 내가 사용하는 단어와 다른 단어들이 만난다. 시골 쥐가 도시에 올라가 눈이 휘둥그레지는 경험을 하는 것처럼 세상에 이런 것도 있구나를 배운다. 내가 본 것이 넓어지고, 여행지에서 새롭게 들은 것이 내 귀를 넓힌다. 우리의 견문은 이런 경험을 통해 넓어진다.

여행을 떠나는 순간 나그네가 된다. 나그네를 뜻하는 객(客)을 분리해 보면 집 안(宀)에 각자 존재한다(各)는 의미이다. 집 떠나면 누구나 홀로 존재한다. 평범한 일상도 홀로 존재하며 살아가는 순간 여행이 된다. 해외를 가거나 어떤 특별한 이벤트가 없어도 집 근처를 산책하거나, 직장에 가거나, 학교에 가는 모든 행위가 여행이다.

내가 그네처럼 앞뒤로 왔다 갔다 하는 삶을 살아갈 때 나그네라 불린다. 중심축을 기준으로 이리저리 돌아다니지만 힘을 빼면 그 자리로 돌아간다. 힘을 주면 좀 더 멀리 갈 수 있지만 기준 안에서 멀어졌다 돌아왔다 하기 마련이다. 무엇을 기준으로 하는가. 나 자신이다. 내가 그네처럼 다른 곳을 살폈다가 다시 나로 돌아와 보고 들은 것을 바탕으로 커진다. 다시 힘을 주고 좀 더 멀리 가서 보고 듣는다. 인생의 그네를 반복적으로 탈 때 우리의 삶은 훨씬 커진다.

여행의 여(旅)는 나그네, 무리, 도로, 여행하다 뜻이 있다. 나그네는 자신의 집에 사는 사람이 아니고 다른 곳에 머무르는 사람이다. 자생(自生)이란 혼자 힘으로 살아간다는 뜻으로 의지하지 않는 삶을 말한다. 여행은 누구에게도 의지하지 않는 혼자만의 시간이다.

여(旅)는 나부끼는(㫃) 것을 좇다(從)라는 뜻이다. 펄럭이는 깃발을 따라 좇아가는 많은 사람들을 이 나그네라는 글자로 사용했다. 군인이 되면 집을 떠나 다른 지역에서 살아간다. 그런 군인들이 모여 있는 집단이라고 해서 여단(旅團)이라고 한다.

행(行)은 '가다'라는 뜻이다. 옛글자에서는 사거리를 표현한 글자였다. 조금 걷다(彳)라는 글자와 자축거리다(亍)라는 글자로 이루어져 있다. '자축거리다'라는 말은 다리에 힘을 빼고 가볍게 다리를 절면서 나아간다는 말이다. 즉, 천천히 주변을 보며 걸어간다는 뜻이 행(行)이다.

여행은 집을 떠난 사람이 천천히 걸어가며 세상을 바라보는 일이다. 새로운 문화와 세상, 새로운 공간을 배우는 일이다. 여행은 발이 아픈 사람처럼 아주 천천히 하나씩 살펴봐야 한다. 새로운 지역에 온 사람은 그 지역을 잘 모르기 때문에 계획을 잘 세워서 하나씩 세심하게 살펴야 한다. 위험한 지역도 있기 때문에 그런 곳에 가지 않도록 조심스럽게 움직여야 한다. 인생이라는 여행도 마찬가지다. 차분히 계획하고 걸어가야 한다.

인생에는 정해진 집이 없다. 태초에 우리의 집이었던 어머니의 뱃속에서 떠나 각자의 의미를 갖고 다른 세상으로 떠난다. 집을 떠난 시간이 어떤 여행이 될지는 스스로에게 달려 있다. 목적과 계획에 따라 행복한 여행이 될지, 아니면 고통받는 여행이 될지 스스로가 결정한다.

여행 중에 우리는 목적을 잃지 말아야 한다. 목적은 나침반이다. 어디로 가야 할지를 늘 알려준다. 계획은 시계를 의미한다. 얼마나 체계적으로 시간에 맞춰 가는지에 따라 좋은 여행인지, 힘든 여행인지, 슬픈 여행인지가 결정된다. 삶의 목표와 계획을 잘 세워야 하는 이유도 어떤 여행을 할 것인지에 대한 대략적인 그림이 결정되기 때문이다.

인생에서 외연을 확장하는 시간도 필요하지만 내면을 확장하는 시간도 가져야 한다. 여행을 통해 외연을 확장하고, 새롭게 바라보는 시각과 독립된 삶을 통해 내면의 확장을 병행해야 두루두루 넓어진다.

여행의 목적은 결국 자생(自生)이라는 스스로 생존하기다. 언제 어디서든 혼자 살아남을 수 있게 여행을 떠나야 한다. 가수 김동률의 〈출발〉이라는 노래에서 나오듯 우리는 끝없이 이어진 길을 천천히 걸어가야 한다. 더 넓은 세상을 향해서 말이다.

소명

　소명이란 임금 같은 높은 이가 신하를 부르는 명령이다. 임금과 스승과 부모님이 같다는 군사부일체이기에 그분들이 나를 부르는 명령이기도 하다. 사람은 살면서 다양한 이로부터 각각이 부여한 소명을 받는다. 대상이 부여할 수도 있고, 상황이 부여할 수도 있다.

　소명을 영어로 'Calling'이라 한다. 이름을 지어주고, 전화하고, 외쳐야 'Call'이다. 그 과정이 현재 진행 중인 모습이다. 이름을 지어주는 중이고, 전화하는 중이고, 외치는 중이다. 현재 상태에 있을 때 부여되는 이름이 다르다. 서울에 있을 때와 지방에 있을 때의 국번이 다르다. 부부일 때와 부모일 때의 호칭이 다르기에 다르게 불린다.

　소명이란 지금 있는 상태에 부여된다. 정해진 소명이란 없으며, 시시각각 변한다. 다리 다친 제비가 떨어졌기에 없는 살림이지만 잘 돌봤던 흥부를 떠올려 보자. 흥부는 상처 입은 미물을 자식처럼 생각하여 건강을 되찾을 때까지 치료해 주었다. 흥부의 소명은 다둥이 가정의 아버지에서 제비의 구원자가 되었다.

지금 내가 힘들고 어려운 곳에 있다면 그것이 내 소명이다. 하필 그곳에 내가 있는 이유가 반드시 존재한다. 우연 같은 인연 또한 인연이다. 운명이 무엇을 의미하는가. 하필 그곳에 내가 있었기에 일어나는 일이 운명이다. 운명이라는 'Destiny'에 있는 'Destin'은 'Destination'이라는 목적지이다. 운명이란 목적지를 향한 여정이다. 각자가 목적지를 가기 위해 가야 할 경유지가 다를 뿐이다. 이 다른 경유지에 대한 이해가 필요하다.

그저 받아들일 뿐이다. 주어진 소명을 받아들여 그 일을 책임져야 한다. 내 목적지를 향한 경유지이다. 불만이 있으면 가지 않으면 그만이다. 물론 목적지에 도달하지 못하고 홀로 자리에서 머물겠지만 말이다. 타인 이해를 위해 '상대가 그렇게 생각하고 행동한 이유가 있겠지.'라는 생각을 갖는 것처럼, 세상을 이해하기 위해 '이유가 있겠지.'를 생각한다. 이곳이 내 경유지라는 이해, 그것이 삶을 이해하는 태도나.

소명의식이란 부여된 명령을 꼭 수행하겠다는 책임의식이다. 자기가 받은 소명에 대해 의식해야 한다. 내가 가야 할 경유지를 외면하면 안 된다. 경유지에서 얻어야 할 무언가가 있기에 경유지가 주어졌다. 경유지를 경유하며 반드시 얻고 가겠다는 마음이 필요하다.

소명의 소(召)는 '부르다'의 뜻이다. 누군가를 부를 때는 칼(刀)을 입(口)에 물고 불러야 한다. 잘못 말하면 베일 수 있기에 예의를 지키며 불러야 한다. 함부로 불러서는 안 된다는 말이다. 반대로 함부로, 마구잡이로 주어지지 않기에 소명이다. 무엇을 부르는가. 운명을 부른다. 운명에게 욕하지 말아야 하는 이유다. 지금 내 앞에 다가온 일은 내가 부른 일이다.

소(召)라는 글자에는 대추의 뜻도 있다. 정석주 시인의 〈대추 한 알〉이 떠오른다.

> 저게 저절로 붉어질 리는 없다
> 저 안에 태풍 몇 개
> 저 안에 천둥 몇 개
> 저 안에 벼락 몇 개
>
> 저게 저 혼자 둥글어질 리는 없다
> 저 안에 무서리 내리는 몇 밤
> 저 안에 땡볕 두어 달
> 저 안에 초승달 몇 날
>
> – 정석주, 〈대추 한 알〉 –

세상이 대추에게 준 태풍과 천둥과 벼락을 견뎌냄이 대추의 소명이다. 기나긴 시간을 속에 품고 과실이 되어 비로소 대추로 불린다. 대추의 삶은 인내였고, 대추의 소명은 끝내 이루어졌다.

태양을 부르고 싶을 때 소(昭)라는 단어를 쓴다. 소명(昭明)이라는 단어가 있는데, 이는 사리를 분간함이 밝고 똑똑하다는 말이다. 내가 부른 태양으로 밤낮없이 밝아진다. 그럴 때 일의 이치를 잘 분석하고 가려내어 똑똑해진다.

소명(小名)이라는 단어가 있다. 어린아이에게 붙는 이름이다. 과거에는 관례 직전에 쓰이는 이름이 있었다. 15~20살 사이에 관례를 했고, 그전까지는 아명이라고 불리기도 하는 이름으로 불렸다. 미숙하고 작은 아이에게도 이름이 붙어있다. 우리가 받는 소명은 아주 작은 것들에까지 미친다. 부모님이 나를 부르고, 하늘 또한 나를 부른다. 그 대상이 아주 작고 사소할지라도.

단, 유의해야 하는 점이 있다. 모든 것이 내게 주어진 운명이라고 받아들여서는 안 된다. 생쥐에게 눈앞에 가장 맛있는 치즈가 나타났다면 이를 경계하여야 한다. 독약이 든 치즈일지도 모른다. 즉, 내 분수를 넘어서는 행운이 왔을 때는 늘 조심해야 한다. 그것을 잡지 않아야 함이 지옥으로 빠지지 않는 길이다.

'타인을 돕는 것은 존경할 만한 일이지만 여기에도 위험이 따른다. 이는 봉사심이 사실은 이기심의 발로일 수 있다는 사실과도 관련이 있다. 그 위험이란 바로 구원자 증후군이라는 덫에 빠지는 것이다. 꼭 자신이 나서서 구해주어야 한다고 믿고, 자신이 그 방면의 전문가라고 믿는 태도나 입장이다. 봉사자는 자신이 모든 정답을 갖고 있고, 무엇을 해야 할지 잘 알고 있으며, 어려움에 처한 개인이나 단체는 자신과 같은 구원자가 나타나기를 기다린다고 믿는다.'[31]

'내가 어떻게 도와줄까요?'를 묻고 움직여야지 무작정 돕는 것도 좋은 방법이 아니다. 누군가를 돕는 일도 내 소명이라고 나서기보다는 한 번 생각하고 움직여야 한다. 내가 아니면 안 되는 일이 있고, 내가 아니어야 하는 일이 있다.

매 순간이 선택이다. 소명을 받아들이는 태도와 불운을 피해 가는 태도 모두 가져야 최종 목적지에 도달한다.

하루

    침대에 몸을 던지고 눈을 감으면 꿈속으로의 여행을 시작한다. 별일 없이 눈을 뜨면 새로운 하루가 시작된다. 한낮이 시작되고 한 밤으로 이어진다. 달력을 보며 날짜를 헤아린다. 똑같은 하루가 반복된다. 돌아보면 막연한 하루가 지나간 날이 더 많다. 무심코 지나간 하루가 쌓이다 보면 어느새 지금이 되어 있음을 느낀다. 세월이 빠른 것인지, 내가 흘려보낸 시간들이 많은 것인지 모르겠다.

    하루를 놓치지 않고 살아야 한다. 계획적인 하루가 필요하다. 하루가 24시간이면 이를 4등분으로 나누어 계획해야 한다. 24시간 중 6시간은 잠으로 회복한다. 나머지 18시간을 6시간씩 3번으로 나누어 활용한다.

    첫 번째 6시간은 가장 에너지 넘치는 시간이기에 집중해서 해야 할 일을 한다. 뇌가 가장 맑은 시간에 어려운 논문이나 책을 읽거나, 복잡한 공부를 하면 좋다. 하루의 계획을 아침에 세워보는 것도 나쁘지 않다. 점심을 먹고 난 후의 6시간은 식사를 통해 어느 정도 회복이 된 시간이다. 창의적인 활동을 하거나, 미뤄두었던 메일을 확인하거나, 빠르게 처리할 수 있는 업무들을 진행하면 좋다. 저녁 후의 6시간은 차분함을 되찾는 일을 한다. 하루를 되돌아보는 반성의 시간을 갖고, 스트레스를 완화하는 여가 활동을 하는 것이 좋다. 편안한 독서를 하거나 사회적인 활동을 해도 좋다.

첫 번째 6시간에 기분이 안 좋아지면 두 번째 6시간이 되기 전에는 이를 풀어야 한다. 작심삼일을 작심일일로 바꾸어야 한다. 매일 하루 3번을 새로운 마음으로 시작한다.

태양이 떠 있는 시간인 일(日)과 달이 떠 있는 시간인 월(月)을 합치면 밝음(明)이 된다. 하루는 밝게 살아야 한다. 아침 태양이 뜨면 새로운 아침을 맞이하는 감사로 시작해야 한다. 떠오르는 태양을 보기 위해 간절하게 사는 사람들이 많다. 태양이 지면 하루의 무탈함에 감사한다. 표정을 환하게 해야 좋아 보인다. 어두컴컴한 얼굴로 하루를 시작해 봤자 좋을 일이 없다.

모든 날은 씨앗에서 시작한다. 날이 씨가 되어 멀리 퍼지면 날씨가 된다. 씨앗은 한 종류만 있지 않다. 여러 종류의 씨앗이 있기에 여러 날씨가 존재한다. 매일 날씨가 똑같으면 재미없다. 비가 오는 날도 있고, 바람이 부는 날도 있고, 구름이 많이 끼는 날도 있다. 비가 와야 작물이 성장하고, 바람이 불어야 씨앗이 퍼지며, 구름이 많이 껴야 햇빛을 피해 일하기 편하다. 어떤 날씨이든 상관없이 하루는 변함없이 흘러간다.

하루를 맞이하기 위한 태도가 중요하다. 어떤 일이 생기든 상관없이 받아들인다. 오늘은 반드시 나를 공격하는 사람이 있고, 나를 힘들게 하는 일이 생기고, 당황하게 만드는 사건들이 펼쳐질 것이다. 그러지 않기를 바라는 마음이 있으면 더 힘들다. 계획을 세워도 반드시 바뀔 수 있다는 마음이 필요하다. 하루가 잘 될 수도, 안 될 수도 있다. 여유를 갖고 새로운 기회가 주어진 날이라 생각하며 이겨낼 뿐이다.

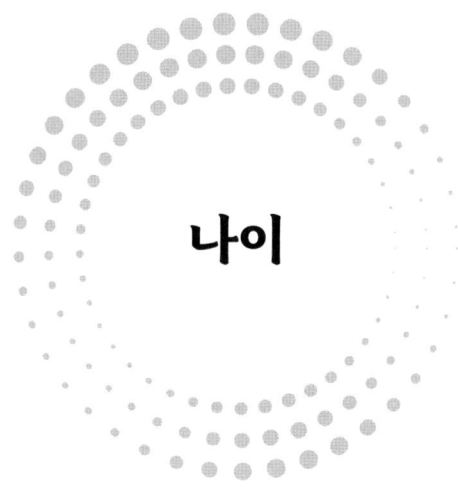

나이

누구나 살아가면서 나잇값을 해야 한다. 나이에는 값이 매겨진다. 물건에는 각각의 가치에 따라 값어치가 매겨진다. 비싼 물건을 샀는데 비싼 값을 하지 못하면 분노가 생긴다. 한 번은 성수기 때 여행을 간 적이 있었다. 성수기라 평상시 비용의 3배를 부담하고 해외로 떠났다. 문제는 태풍이 와서 계획했던 스노클링이나 레저운동들이 전부 취소되었다. 어쩔 수 없이 호텔에만 머물렀던 기억이 있다. 이런 경우처럼 가치가 제값을 못 하는 경우가 종종 생긴다.

나이에도 값을 매겨야 한다. 공자는 나이에 따라 지켜야 할 가치를 말했다. 열다섯 살에는 공부에 뜻을 두었고, 서른 살에는 홀로 섰으며, 마흔 살에는 미혹되지 않았고, 쉰 살에는 내게 주어진 천명을 깨달았다. 예순 살에는 귀가 순해졌고, 일흔 살에는 마음이 하고자 하는 대로 따라도 법도를 어긋나지 않았다.

　열다섯에는 삶에 대한 방향성과 목표를 정한다. 서른 살에는 온전히 독립하여 자립하는 개인이 되어야 한다. 마흔에는 누군가의 말에 속지 않고 스스로가 올바른 판단을 해야 된다. 쉰에는 내가 이 세상에 남기고 가야 할 일이 무엇인지를 찾아야 한다. 예순에는 마음수양을 통해 어떤 사람과 만나도 지혜가 있기에 잘 대응해서 얼굴을 붉히지 않는다. 일은 힘들지 않은데 사람이 힘들다는 말이 있는데 이 말이 적용되지 않는 시점이다. 일흔에는 순수한 내 마음을 잃지 않고 하고 싶은 일을 하며 살아야 하지만 분수를 넘어서는 무리한 일을 하지 않는다.

　나는 내가 살아온 시간에 대해 걸맞고 알맞은 가치를 만들고 있는가. 걸맞음은 겉모습이 맞아야 하고, 알맞음은 내면이 맞아야 한다. 외형과 내면의 조화를 이루어야만 우리는 진정한 성장을 이루었다고 말할 수 있다. 시간이라는 귀한 재화는 모두에게 주어지지만 이를 어떻게 활용하는지는 스스로에게 달려 있다.

　시간을 쓸모 있게 전환했으면 나잇값을 했다고 본다. 나이는 들었는데 내면은 어린아이인 사람이 있고, 나이도 들지 않았는데 내면이 노인인 사람이 있다. 어른 아이가 되어서는 안 되지만 노인 흉내를 내는 젊은이가 되어서도 안 된다. 딱 그 나이에 맞아야 한다.

　나이를 든다고 말한다. 나이는 들어야 한다. 나이는 점점 무거워지고, 나이를 버틸 수 있을 만큼의 힘을 길러야 한다. 몸과 마음이 건강해야 한다. 한쪽으로 편중되면 안 된다. 몸은 근육질 몸매로 멋있게 만들었는데 마음이 병들면 쉽게 무너진다. 중독에 빠져 무너지기 십상이다. 마음만 건강해도 문제다. 몸의 건강을 도외시하면 무언가를 해 보기도 전에 몸의 병이 온다. 종합적인 성장이 필요한 이유다.

나이가 많아지면 그만큼 할 수 있는 일이 많아진다. 할 수 있는 일이 많아지면 해야 할 일도 많아진다. 나이테가 늘어나 나무가 커지듯 사람도 마음이 넓어져야 한다. 마음을 확장해야 한다. 마음의 문을 열고 받아들여야 한다. 미운 사람도 받아들이고 용서할 수 있어야만 한다. 나이테가 늘어났는데 속이 빈 나무가 될 수는 없지 않을까.

나이를 세는 단위가 세(歲)다. 이 글자는 걸음(步)과 강아지(戌)가 합쳐진 글자이다. 강아지가 걷는 걸음이 왜 1년이 되고, 나이가 될까. 강아지들을 보면 주인에게 충성스럽고 친화적이며 따뜻하다. 늘 온기를 주는 동물이다. 강아지(戌)라는 글자의 뜻에 아름다움이 있는 것은 그런 강아지의 삶이 아름답기 때문이어서 그렇지 않을까.

우리가 걷는 걸음은 충성스러워야 하고, 온기를 주어야 하고 아름다워야 한다. 상처를 받아도 툭 털고 일어나 다시 걸어야 한다. 늘 정성스럽게 한 걸음씩 내디디며 살아간다. 가끔은 사납게 변할 때도 있다. 아무리 착한 개도 가끔 짖는다. 이런 걸음이 모여 1년이 되고, 인생이 된다.

돌아보니 늦었다고 한탄하기도 한다. 그런 사소함에 신경 쓸 필요는 없다. 중요한 건 앞으로 얼마나 행복하고 충실한 시간을 보내느냐다. 내게 주어진 시간이 얼마인지 따지는 대신, 지금 이 순간에 얼마나 충실한지가 더 중요하다. 노년의 삶에 들어서는 시점은 사람마다 다르다. 어떤 이는 스무 살에도 이미 노인이 되고, 어떤 이는 죽는 순간까지도 청년으로 산다. 그 차이를 만드는 건 '초심'이다. 초심을 잃고, 오랜 시간동안 쌓은 경험이 고집이 되는 순간 우리는 늙는다. 반대로 설레는 마음으로 아침을 맞이하고, 하루를 새롭게 시작하는 이라면, 그는 여전히 청년이다.

새해 아침에는 떡국을 먹는다. 떡국이란 '덕국'이다. 당신의 덕분에 이루어진 형국임을 감사한다. 새로운 1년을 시작하기 위해 작년의 무탈함에 감사하고, 올해의 무탈함을 기원한다. 모두가 내 주변에서 나를 생각해 준 덕이고, 그러한 형국이 이어졌기에 내가 한 살을 먹을 수 있었다. 이를 기리기 위해 떡국이다.

노화가 되더라도 성숙으로 연결되는 노화이어야 한다. 나이가 들면 욕심을 경계해야 한다. 어렸을 때는 혈기가 왕성하여 조심해야 하지만 나이가 들면 혈기가 줄어든다. 그 대신 욕심이 많아진다. 옛날이야기를 보면 욕심쟁이 어린이는 없다. 욕심 많은 노인이 있는 것도 다 그런 이유다.

공자가 일흔에는 하고 싶은 대로 어긋나지 않았다는 말에서 배워야 한다. 하고 싶은 일을 줄이고 해야 할 일만 했기에 어긋나지 않는다. 그런 구분을 할 나이가 일흔이고 노년이다. 그럴 때 멋있게 나이 들었다고 말한다.

명절

우리나라의 대표 명절에는 설과 추석이 있다. 민족대이동이라고도 불리는 두 명절을 두고 꽉 막힌 고속도로, 제사음식, 가족 모임 등을 떠올릴 수 있다. 이 설이나 추석이라는 명칭은 무엇을 하는 시간일까.

설은 원래 살이라는 나이에서 비롯되었다. '1년이 지나 한 살을 더 먹었다'에서 볼 수 있듯이 살이었던 살날에서 설날로 글자가 변했다. 살날이라는 단어에서는 우리가 앞으로 살아야 할 날을 떠올려야 한다. 지금까지 살아왔던 날을 돌이켜보며 반성하고 앞으로 살아갈 날을 계획한다.

설에는 서야 한다. 서는 날이 설날이다. 잠시 자리에 멈춰서 방향을 정하는 날이어야 한다. 바쁘게 달리던 삶을 잠시 멈추고 똑바로 서서

가야 할 길을 찾는다. 지금까지 잘 왔는지, 어디로 가야 할지를 따져야 하는 날이다. 확고히 섰으면 어떤 일이든 참고 견딜 수 있다. 누워있거나 앉아 있는 사람은 버텨내기 쉽지 않다. 두 발을 땅에 딛고 서 있는 사람만이 어떠한 압력에도 견딜 수 있다. 버티기 위해 바로 서야 한다.

설은 우리에게 낯설게 다가오는 날이다. 매년마다 1년이 지나고 새롭게 맞이한다. 한해가 지나 어떤 일이 일어날지 모른다. 익숙하지 못하기에 빈틈이 있을 수 있다. 그런 낯선 시간을 위해 준비하는 시간이다. 익숙하지 않은 시간을 마주하기 위해 멈춰야 한다. 시간의 흐름을 성숙의 방향으로 이끌 수 있지만, 반대로 퇴보의 방향으로 이끌 수 있다. 이는 낯섦을 마주하는 시간 속에서 어떻게 대응하는가에 따라 달려 있다.

설은 견해를 세우는 날이다. 내 혀(舌)를 세워 말을 절제하고, 내 의견(說)을 바로 세워야 한다. 썰을 풀 수 있어야 한다. 헷갈리고 애매하게 알던 부분을 조금씩이라도 다잡아 분명하게 해야 한다. 그래야 설 수 있다.

문을 만들기 전에 문설주를 먼저 세운다. 문설주는 문을 달기 위해 문 양쪽 테두리에 세운 기둥을 말한다. 문설주를 세워야 문을 설치할 수 있다. 문은 안과 밖의 경계를 나타낸다. 이스라엘에는 유월절이라는 축제일이 있다. 이스라엘 백성들이 하늘이 내린 재앙을 피하기 위해 문설주에 어린양의 피를 발랐다. 문설주에 바른 이유는 그곳이 경계이기 때문이다. 설이라는 시간의 전, 후로 문이 세워진다. 이를 설문이라 한다. 설에는 어떤 문제에 대해 새로운 물음을 가져야 한다. 지금까지와는 다른 경계선에서 새로운 질문을 던져야 하는 시간이다.

앉을 자리 설 자리 잘 가려야 한다. 앉을 자리를 가려야 편하게 앉기도 하지만 설 자리도 잘 가려야 멀리 보고 갈 수 있다.

추석(秋夕)은 가을 저녁이다. 가을은 수확의 계절이다. 봄과 여름에 열심히 농사짓고 가을에 수확한다. 내가 부은 노력만큼 수확했고, 수확을 확인하는 저녁에 가족들끼리 모여서 서로 고생했다며 위로하고 이런 자리를 가질 수 있게 만들어 주신 조상님들께 감사를 전하는 자리였다.

가을(秋)이라는 글자에는 근심하다의 뜻이 있다. 1년 농사가 잘되면 좋지만 항상 풍년일 수는 없다. 흉작이 되어 어렵게 겨울을 맞이할 수 있다. 가을은 기쁨이자 근심의 계절이다. 특이하게 밀치끈이라는 뜻도 있다. 말이나 소의 안장과 엉덩이 쪽에 있는 막대와 연결하는 끈이다. 안장이 떨어지지 않기 위해 밀치끈을 잘 묶어야 한다. 추석은 밀치끈을 점검하는 시점이다. 열심히 농사지었으니 쉴 수도 있지만, 다시 새로운 봄을 준비하기 위해 수확하자마자 밀치끈을 점검한다.

소의 가슴에 두르는 앞끈과 엉덩이에 두르는 뒤끈이 있다. 앞끈만 신경 쓰고 뒤끈을 신경 쓰지 않으면 소용없다. 마무리에 집중해야 한다는 모양으로 이해해야 한다. 항상 끝이 중요하다. 이 정비를 저녁에 해야 한다. 낮에는 기뻐하였으니 밤에는 내일을 준비해야 한다.

설은 바로 서야 하고 추석은 다음을 준비해야 한다. 경계선에 서서 새로운 문을 향해 가는 설날과 근심을 막기 위해 새롭게 준비하는 추석에 살아갈 날을 위해 준비하는 시간을 가져보자.

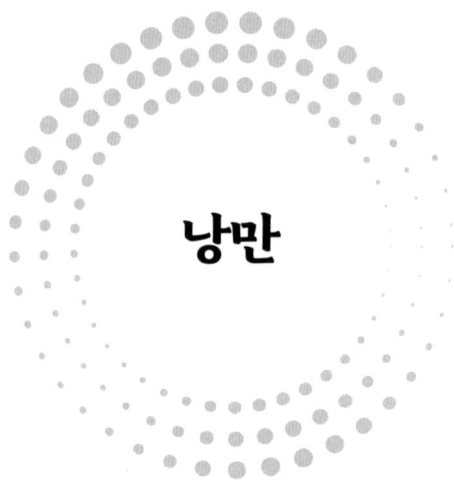

낭만

　낭만적인 인생이란 말을 사용하곤 한다. 낭만이 가득한 대학생활, 낭만이 가득한 결혼생활이라고 자주 쓴다. 다시 돌아갈 수 없는 학창 시절을 생각하며 낭만을 떠올린다.

　낭만이란 현실에 매이지 않고 감상적이고 이상적으로 사물을 대하는 태도를 말한다. 현실에서 자유롭다는 것은 현실에 발 딛지 않는다는 말이다. 꿈을 꿀 때 현실성이 없는 것처럼 낭만에도 현실성이 결여되어 있다. 현실과 멀기에 이성과는 거리가 먼 감동과 근심 같은 감정에 쉽게 영향받고, 완전하다고 여겨지는 일을 좇는다. 크게 기뻐하고 깊게 슬퍼한다. 논리가 거부된다. 사랑 앞에 저렇게까지 사람이 변하는가를 보면 그곳엔 이성보다는 감성에 물든 이상향이 자리하고 있다. 낭만이란 로맨스다. 형식도 자유롭고 서정적이고 부드럽다. 애정이 사람을 이상세계에 살게 한다. 사랑의 힘이란 사람을 바꿀 정도로 무섭다.

낭(浪)은 물결이고 만(漫)은 아득히 멀어지는 모습이다. 물결이 끝없이 멀어진다. 작은 파도가 해일로 변하기도 한다. 물결이 끝없이 펼쳐지면 끝에 가서야 사라진다. 결국 사랑은, 낭만은 끝을 봐야 사라진다. 낭만에 빠진 사람을 건져내기는 어렵다. 사랑에 빠진 사람을 건져도 다시 파도 속으로 들어간다. 아니라는 걸 알아도 낭만이라는 두 글자에 발목이 잡힌다.

낭만은 환상이다. 낭만은 꿈을 꾸게 하고, 현실을 잠시 잊게 만든다. 이상향을 꿈꾸며 냉혹한 현실을 잊고자 한다. 하지만 인간은 현실을 살아가는 동물이다. 낭만에서 눈을 뜨면 현실이 마주한다. 아름다운 것만이 삶이 아니다. 더럽고 추잡한 것들도 인생이다. 어찌 낭만적인 것들만 마주하고 살아갈 수 있을까. 평생을 여행 다니며 사는 낭만적인 꿈을 꾸더라도 실제 여행하며 살다 보면 힘든 일이 많다. 길을 잃을 수도 있고, 소매치기를 당할 수도 있으며, 배에 구멍이 날 수도 있고, 차가 고장 나 오도 가도 못할 수 있다. 그런 것도 인생이다.

낭만이라는 꿈의 세상에서 늘 좋기만 할 수는 없다. 타이타닉에서 낭만은 주인공 둘이 서로 끌어안으며 태양을 바라보는 것이었지만, 실제는 배가 가라앉아 남자 주인공은 사망한다. 낭만은 꿈이었고 현실은 냉혹했다. 그럼에도 불구하고 낭만을 꿈꿔야 하는가. 애초에 낭만을 치료약으로 생각해서는 안 된다. 현실이 어렵다고 꿈속으로 도망가지는 못한다. 어려운 일이 있어도 인생이고, 기쁜 일이 있어도 인생이다. 어떤 것이든 받아들일 때 그것이 진정한 낭만이다.

건강은 삶의 기본 바탕이며, 이를 지키기 위해 청소는 필수다. 어지러움이 지나쳐 병이 오기 전에 예방은 필수적이다. 깨끗한 환경과 꾸준한 관리가 독립적인 생활을 가능하게 한다.

어른이 된다는 것은 스스로를 돌보는 노력과 적절한 휴식을 균형 있게 조절하는 것이다. 어른은 말을 잘하는 사람이어야 한다. 말은 자신과 타인과의 관계를 이어주는 중요한 도구로, 신중하고 따뜻하게 사용해야 한다. 건강한 몸과 마음, 그리고 성숙한 말이 어른다움을 완성한다.

6장.
정돈과 건강

건강
청소
예방
독립
노력
휴식
어른
말

건강

건강이란 중요한 단어이다. 누구나 부자가 되고 싶어 한다. 문제는 자신의 건강을 해치면서까지 부자가 되길 원할 때 생긴다. 원하는 부자가 되었는데 막상 병원에서 오래 살지 못한다는 진단을 받는다면 천금이 있더라도 쓸모가 없다. 삶의 1순위를 건강에 두어야 한다. 건강 걱정만 하면서 평생을 살라는 말이 아니다. 건강에 대해 신경을 쓰되, 건강이 무엇이고, 어떤 것이 건강인지를 알아야 한다는 뜻이다.

육체만 튼튼하다고 건강하지 않다. 마음도 튼튼해야 한다. 주변을 둘러보면 마음이 아픈 사람들이 많다. 마음은 아픈 부위가 드러나지 않기 때문에 더 유심히 살펴야 한다. 몸이 아픈 사람들은 병원에 가서 치료받듯이 마음이 아픈 사람들도 병원에 가서 치료받아야 한다.

몸과 마음은 연결되어 있다. 환자들에게 진통제를 먹였더니 감정이

차분해지고 마음의 고통이 줄어들었다는 사실을 연구를 통해 발견했다. 옛 조상들이 심신(心身)을 잘 관리하라고 말한 이유도 몸과 마음이 연결되어 있기 때문에 둘 다 조심하라는 우려에서 비롯되었다.

정신과 육체 모두 아무 탈이 없어야 한다. 탈이란 뜻밖에 일어난 걱정할 만한 사고를 말한다. 탈(頉)이라는 한자는 멈춘(止) 머리(頁)를 말한다. 생각이 멈췄기에 예상하지 못한 일이 벌어진다. 내 몸과 마음이 어떤 상태인지 알아차리지 못하기 때문에 사고가 날 수밖에 없다. 탈이 나지 않으려면 머리가 멈추면 안 된다. 생각하기에 존재한다는 데카르트의 말이 탈이 나지 않도록 머리를 써야 한다는 말이지 않을까.

건강(健康)이란 굳세다(建)와 편안하다(康)라는 글자가 합쳐졌다. 건(健)은 사람(人)과 세우다(建)로 이루어져 있다. 건(建)은 다시 길게 걷다(廴)와 붓(聿)으로 이루어져 있다. 건(建)이란 붓을 곧게 세워 글씨를 길게 이어 쓸 때를 말한다. 사람의 몸이 바로 세워져서 길게 살아가는 형태이다. 굳세고 건강하고 튼튼하고 꿋꿋하게 어떤 일이든 견뎌낼 수 있어야 가능하다. 율(聿)이라는 한자를 보면 얼마나 꿋꿋하고 튼튼하게 서 있는지 모른다. 붓은 눕혀서 쓰지 않았다. 옛 선비들은 붓을 다룰 때 바른 자세를 한 후에 붓을 곧게 세워서 꿋꿋하게 글을 썼다. 그런 단단한 자세를 건(健)이라 한다.

강(康)이란 몸과 마음이 편안하다는 뜻이다. 즐겁고 온화한 상태이다. 경(庚)이라는 탈곡기와 미(米)라는 쌀로 이루어져 있다. 가을에 쌀을 수확하니 어떻게 편안하지 않을 수 있을까. 쌓이는 곳간에 얼었던 마음도 누그러진다. 즐거운 마음을 가지면 아무 탈이 없다.

건강(健康)은 사람의 몸을 곧게 세워 튼튼하게 만들고, 가을에 벼를 수확하듯 기쁘고 즐거운 마음을 갖는 것이다. 몸과 마음이 그러하니 머리의 멈춤이 없다. 물론 뜻밖의 일이 생기겠지만 수확의 기쁨을 잊지 않고 지낸다면 빨리 회복할 수 있다.

청소

어렸을 때 흔히 듣는 잔소리는 청소 좀 하라는 말이다. 나는 내 물건을 찾기 쉽게 놓아두었다고 생각했지만 남들이 보기에는 지저분하게 보였는지도 모른다. 그땐 몰랐지만 나이가 들어 군대를 가고, 사회생활도 해보니 정리정돈이 왜 중요한지 조금씩 깨닫게 된다. 학교, 회사, 군대 등 어떤 곳이든 청소시간은 존재한다. 왜 그렇게 청소를 중요하게 여겼을까.

청소란 더러움이나 어지러움을 깨끗하게 하는 과정이다. 《소학》에는 쇄소응대(灑掃應對)라는 말이 있다. 물을 뿌려 쓸고 청소한 다음에 사람과의 응대하는 방법을 배운다. 물 뿌리고 쓸고 닦는 이유는 먼지가 나지 않기 위해서다. 청소를 해도 티 나지 않게 해야 한다.

청소를 하려면 빗자루로 쓰레기를 쓸어야 한다. 큼지막한 것들과 먼지들을 먼저 처리한 다음 닦아야 한다. 쓰레기를 치우지 않고 닦으면 아무 소용이 없다. 청소를 할 때도 우선순위가 존재한다. 우선순위를 통한 결정 이후 일을 완성하는 과정을 청소를 통해 배우기도 한다.

　청소란 마무리다. 결말 없는 영화가 없듯 어떤 일이든 마무리를 지어야 한다. 기승전결이 되지 않는 작품들이 얼마나 많은가. 결말 맺기가 어려운 이유는 항상 마무리가 어렵기 때문이다. 청소가 바로 그 마무리다. 목걸이를 만들면 매듭을 지어야 풀리지 않는다. 마무리를 짓는 습관을 청소를 통해 만든다. 어떤 일에 결과가 나오지 않는 사람들에게 청소라는 뒷마무리 작업을 추천한다. 작은 일조차 마무리하지 못하는 습관이 큰일에서 마무리를 못 짓는 일로 연결될 수 있다.

　청소란 맑고 깨끗하게 쓸어서 버린다는 말이다. 청소는 맑음을 위한 일이다. 방을 청소하면 내 마음도 같이 청소되는 느낌이 든다. 스님들이 아침에 일어나 빗질을 하는 이유도 몸과 마음의 맑음을 위해서이다. 개인의 심리적 행복을 위해 청소를 한다. 청소를 하며 스트레스를 줄이고 집중력과 생산성을 높인다. 청소 자체에서 성취감을 얻을 수도 있다. 아침에 일어나 가장 먼저 이부자리를 정리한다. 그것이 시작이다. 아침 시작부터 성취감을 얻고 시작했을 때 그날 하루가 자신감 있게 시작된다.

　사실 다른 이유를 다 떠나서 사회적 이미지와 직결되는 것이 청소다. 청소란 곧 자기관리다. 자기관리가 되지 않는 사람이 겉모습만 멋있게 꾸몄지만 그 속을 들여다보면 정리정돈 되지 않은 모습에 깜짝 놀라곤 한다. 자기관리란 청소에서부터 시작된다.

　정리정돈은 순서를 말한다. 정리란 버리는 일이다. 불필요한 것을 없애서 질서 있는 상태로 만든다. 집을 청소할 때 우선적으로 해야 할 일은 버리는 작업이다. 버리지 않으면 어떤 것도 새로 담지 못한다.

정리는 혼란을 바로잡아 질서를 회복하는 일이다. 혼란한 이유는 뒤죽박죽되어 어지럽기 때문이다. 이것저것 섞여 있는 것들이 문제다. 정리정돈을 할 때 해야 할 일은 섞인 것을 풀어헤쳐 바로잡아야 한다. 내가 어떤 말을 할 때 다른 말이 함께 나타나면 섞여서 어지러워진다. 이런 혼합, 혼돈, 혼란을 바로잡는 일이 정리다.

정돈은 흩어진 것을 가지런하게 수습하는 과정이다. 정리를 통해 섞인 것을 풀었다면 정돈을 통해 고르게 다듬어 순조롭게 만들어야 한다. 쉽게 말해 보기 편안하게 만들어야 한다. 어떤 일이 순조롭게 흘러간다는 건 말썽 없이 예정대로 잘되어갈 때를 말한다. 버린 상태에서 보기 편안하게 만들어졌다면 정돈이 완료되었다고 볼 수 있다.

사실 정리정돈은 지극히 주관적일 수밖에 없다. 내게 있어 고르게 만든 것이 상대에게는 불편을 유발할 수도 있기 때문이다. 나 혼자 있는 곳에서는 내 주관에 맞게 정리정돈 하면 되지만, 함께 있는 공간에서 나만의 순조로움을 위해 상대방에게 불편을 일으켜서는 안 된다. 이는 순조롭다는 뜻의 탈 없음을 이루지 못하는 상황이기에 합리적인 소통을 통해 정리와 정돈을 해야 한다.

내 자리나 방, 집 정리도 중요하지만 내 생각 정리도 중요하다. 어지러운 머릿속을 정리정돈 해야 한다. 불필요한 생각들은 잘 모아 날려 버려야 한다. 부정적인 생각이 들면 그 생각을 두뇌 쓰레기통에 넣어 제거해야 한다. 쓰레기통에 넣어 사라지는 상상을 하며 지속적으로 관리해야 한다.

예방

고조선 시대에는 제사장이라는 직책이 있었다. 단군신화의 주인공인 단군왕검의 단군도 제사장이라는 뜻이다. 하늘과 땅을 연결하는 직책으로 하늘의 뜻을 전달하고 땅의 풍요로움을 위해 애쓰는 자리였다. 많은 백성들이 제사장에게 앞으로의 일을 묻고 제사장은 그 일을 점쳐주곤 했다.

점을 친다는 건 앞일을 내다보고 미리 판단하는 일이다. 징조를 살펴 앞으로 어떻게 변화할지를 헤아리는 일이다. 미래를 예측한다는 건 전혀 쉬운 일이 아니다. 당장 오늘 일도 어떻게 변할지 모르는데 어떻게 앞으로의 일을 예측할 수 있을까. 이는 쉽지 않은 일이다. 하지만 사람들은 끊임없이 앞으로의 일을 예측하기 위해 애쓴다. 하늘을 보며 예측했기에 천문학이 생겼고, 날씨를 따져가며 예측하여 절기가 구분되었다. 어떠한 흐름이 있음을 알고 그 흐름을 살피는 사람들을 보고 미래학자라 부르기도 한다.

예측도 중요하지만 더 중요하게 생각해야 하는 것은 예방이다. 예측은 결국 예방을 위함이다. 미리 헤아려서 짐작한 일이 벌어졌을 때 어떻게 대처해야 하는가를 생각해야 한다. 홍수가 나기 전에 제방을 쌓고, 가뭄이 들기 전에 댐에 물을 채운다.

예방을 하려면 부지런해야 한다. 어떤 일이 일어날 수도, 일어나지 않을 수도 있지만 작은 가능성조차 예방하기 위해 부지런하게 움직여야 한다. 사소한 일조차 예방해야 그로 인해 발생하는 부수적인 피해를 보지 않는다. 보험을 드는 일도 마찬가지로 예방을 위해서다. 아프지 않으면 가장 좋겠으나, 만약 아팠을 때 갑작스러운 비용이 부담된다. 이를 예방하기 위해 아프기 전에 조금씩 보험을 들어놓으면 훨씬 도움이 된다.

'Prevent'는 예방이다. 'Vent'는 환기구를 의미하고 'Pre'는 '사전'이라는 뜻이 있다. 미리 공기가 오염되기 전에 건물에 환기구를 설치한다. 건물이 다 설치된 다음 환기구를 설치하려면 돈이 더 많이 든다. 처음부터 건물 자체에 환기가 안 될 것을 판단하고 미리 설치해야 한다. 항상 모든 일을 '사전에' 처리해야 한다. 일이 벌어지고 나서 사후에 이랬어야 한다고 말하는 사람을 우리는 뒷북 친다고 말한다. 사전에 예상하고 재앙을 방비해야 한다. 백신을 맞는 이유도 예방하기 위함이다. 인공면역을 위해 죽은 병균을 투입하여 인체에 미리 경험시켜 놓으면 다음에 올 병균을 막을 수 있다.

예방(禮防)이라는 단어가 있다. 예법으로 잘못된 행동을 막는다는 뜻이다. 어떤 것으로든 미리 방비하면 해결책으로 쓸 수 있다. 자녀를 가르칠 때 가장 먼저 예절교육을 가르친다. 예절을 가르치지 않으면 나중에 사회에 나가서 사람들과의 원만한 관계를 이루지 못하기 때문이다.

용을 뜻하는 순우리말은 '미르' 또는 '미리'이다. 용은 날씨를 조종하는 영물이다. 용이 등장하면 날씨가 바뀌기에 큰 변혁을 의미한다. 용이 등장하면 큰 변화가 일어나기에 이를 대처하려면 일찍 움직여야 한다. 변화가 시작될 때 대처하면 늦다.

어떤 일이든 미리미리 해야 한다. 용용(溶溶)해야 한다는 말이 있다. 마음이 넓고 침착하다. 어떤 일이든 사전에 해야 마음이 넓어지고 침착한 여유를 가질 수 있다. 예방은 사전에 여유를 갖기 위함이다. 차분히 살아가기 위한 지혜다.

독립

　세상은 혼자 태어나서 혼자 죽는다. 도원결의를 외쳤던 유비, 관우, 장비 삼 형제도 따로 태어나 따로 떠났다. 부처님이 '천상천하유아독존(天上天下唯我獨尊)'이라고 말씀하신 것처럼 하늘 위 하늘 아래 오직 나만이 홀로 존재한다. 그다음 구절은 '삼계개고아당안지(三界皆苦我當安之)'다. 온 세상이 모두 고통이니 내가 마땅히 편안하게 하겠다. 내가 편안해지는 방법, 그리고 세상을 편안하게 만들 방법은 오직 '독존'이다. 독자적으로 존재해야 한다. 누군가에게 기대지 않고 현실을 살아야 한다.

　어른이 되면 독립해야 한다. 독립이란 홀로 서는 일이다. 3·1운동 때 대한독립 만세를 외친 이유는 우리가 받던 억압에서 벗어나 홀로

서기 위함이었다. 물론 대한독립을 위해 만세를 외치기 전에 성인독립 만세를 외쳐야 한다.

제비가 알에서 태어나면 열심히 어미가 물어다 주는 먹이를 먹는다. 새끼 제비가 성장하여 어른이 되면 둥지를 떠나 세상을 향해 나아간다. 성장한 제비가 다시 둥지로 돌아왔다는 이야기를 들은 적이 없다. 세상을 향해 날아간 제비는 새로운 둥지를 짓고 새로운 시작을 위해 애쓴다. 제비가 부모에게 의지할 때는 스스로 날 수 없고 연약할 때일 뿐이다.

독립이란 다른 것에 의존하지 않고 홀로 존재하는 일이다. 남에게 의지하면 의존이다. 몸을 기대고 마음을 기댄다. 다른 사람의 힘을 빌려 내게 닥친 일을 해결하기 위해 누군가를 끊임없이 찾는다. 태어난 지 얼마 되지 않은 아이들은 부모님에게 의지할 수밖에 없다. 3살 어린아이가 나가서 일을 할 수는 없다. 성인이 되기 전까지는 보호받으며 독립할 준비를 해야 한다. 이런 준비시간을 충분히 가진 다음 부모님에게 의지하던 '나'에서 세상에 홀로 서는 '어른'으로 독립해야 한다.

'Independence'라는 단어에는 서로 영향받지 않는다는 뜻이 있다. 독립은 누군가에게 영향받지 않는 상태이다. 누군가의 거친 한마디에 상처받지 않는다. 부모님의 영향력 아래 있을 때는 부모님의 한 마디 한 마디가 크게 다가온다. 독립을 한 뒤에는 별 신경 쓰이지 않는다. 독립을 통해 별개의 상태가 되기 때문이다.

> '믿을 곳이 없는 사람은 넘어지지도 않는다. 우리의 밀접한 인간관계가 곧 독립심을 저해하고 자립의 의지를 약화시켜 버렸다. 추진력이 생길 수도 없고 박력도 적극성도 찾아볼 수 없다.'[32]

우리의 독립은 불어오는 바람에 흔들리지 않고 자기만의 길을 떠나는 나그네일 때 가능하다.

독립의 종류는 두 가지가 있다. 첫째는 물질적인 독립이다. 물질적으로 누군가에게 의지하지 않고 살아야 한다. 성인이 되면 직업을 갖고 일한다. 일터에서 스트레스받을 수 있지만 그로 인해 번 월급으로 내 삶을 일구어나간다. 물질적인 독립이 기회가 닿지 않거나 늦어질 수 있다. 물질적인 독립이 가능하지 않다면 정신적인 독립부터 추구해야 한다. 정신적인 독립이란 '나는 혼자다.'라는 마음을 가질 때 가능하다. 누구에게도 의지하지 않고 스스로 존재하겠다는 마음이다.

유태인들은 13세가 되면 성인식을 치른다. 어른으로서의 의무를 다할 수 있는 나이가 되었다는 의미이다. 성인식에서는 3가지 선물을 주는데, 성경, 시계, 현금이다. 성경은 신 앞에 부끄럽지 않게 행동해야 한다는 의미이다. 시계는 시간의 중요성을 일깨우고 성숙한 어른으로서 책임감 있게 행동해야 한다는 의미이다. 세 번째 현금은 독립을 위한 준비물이다. 유태인들은 성인식을 통해 아이들이 사회적 역할을 다할 수 있게 만든다.

우리나라에서는 19세 이상을 법적 성인으로 본다. 19세가 되기 전에는 미리 정신적인 독립을 꾀해야 한다. 성인식을 치르지는 않지만 시간관념을 잘 지키고, 스스로에게 부끄럽지 않으며, 낭비가 아닌 경제관념을 갖춘 다음 사회로 나가야 한다.

독립은 되기보다는 해야 한다. 독립되기는 수동독립이고 독립하기는 자주독립이다. 독립을 하지 못해 38선이 그어진 것처럼 어떻게든 스스로가 자발적인 독립을 이루어야 한다. 억지로 밀려 독립이 된다면 자주적인 독립이라 말할 수 없다. 스스로가 독립을 해야 한다는 마음이 필요하다.

왜 독립해야 하는가. 어두컴컴한 세상을 홀로 헤쳐 나가야 하기 때문이다. 세상에 일어나는 많은 문제들을 스스로 해결해야 하기 때문이다. 세상은 누구도 대신 내 문제를 해결해 주지 않는다. 사람들은 타인에 많은 관심이 없다. 웃을 때는 함께 웃지만 울 때는 나 혼자 운다.

우리가 성장하려면 편안한 터전에서 벗어나야 한다. 안전공간에 있을 때는 어떤 자극에서도 보호받는다. 문제가 벌어져도 이미 알고 있는 일이기에 대수롭지 않게 처리할 수 있다. 새로운 일을 경험하고 새로운 환경에서 일어나는 일들은 처음 겪는 일이기에 어색하고 불안하다. 이 불안 때문에 독립이 어렵다. 이 불안감을 마주할 때 우리는 성장한다. 독립은 성장을 위함이다. 세상과 마주할 수 있는 조건이 갖추어졌을 때 세상으로 나아가야 한다. 둥지가 편하다고 둥지에만 있을 수는 없다. 과거, 미래, 현재를 진정한 편안함으로 만들기 위해 우리는 홀로 서서 존재해야 한다.

독립하면 외롭다는 착각을 한다. 독립과 외로움은 다른 개념이다. 홀로 섰지만 쓸쓸한 마음이 들면 외로움이다. 홀로 섰을 때 거리낌이 없으면 독립이다. 영어에는 고독을 나타내는 단어가 두 가지 있다. 'Solitude'는 스스로 선택한 고요한 고립을, 'Loneliness'는 원치 않는 외로움을 뜻한다. 같은 '혼자'이지만, 그 배경과 감정은 전혀 다르다.

사실 외로움을 느끼지 않는 가장 좋은 방법이 있다. 바쁘게 움직이면 외로움을 느낄 시간이 없다. 한눈파는 이유는 한눈팔 시간이 생기기 때문이다. 한눈팔 시간조차 없을 정도로 무언가를 한다면 외로움보다는 그 일을 이루어내기 위한 추진력밖에 남지 않는다.

독립을 하면 그다음 단계는 무엇인가. 내 입장을 밝혀야 한다. 내가 눈앞에 둔 일이 무엇인지 제대로 봐야 한다. 독립을 한 사람만이 그다음 할 일이 주어진다.

노력

우스갯소리로 실패한 사람에게 노력이 부족하다는 말을 한다. 어느 샌가 노력이 조롱당하는 사회가 되었다. 실패한 사람들에게 모든 것이 노력부족이라는 이유를 붙이기도 하고, 성공과 실패를 나누는 것은 오직 노력이라 말한다. '노오력'이 부족하다는 말을 가장 싫어하는 세상이다. 왜 그러한가. 좋아하지 않는 일에 노력을 가하라 말하고, 과거의 기준으로 현실에 적용하기 때문에 그렇다. 윗사람이 말하는 노오력이 귀에 곱게 들리지 않는다.

노력이라는 단어의 'Effort'는 라틴어에서 비롯되었다. 밖을 뜻하는 'Ex'와 강함을 뜻하는 'Fortis'가 합쳐진 글자다. 힘을 외부로 쏟아낸다는 의미다. 'Fort'는 요새를 뜻한다. 즉, 요새 바깥을 의미한다. 안전한 요새에서 단단한 힘을 길러 요새 밖을 향해 나아간다. 새로운 곳을 발견하고 확장하기 위해선 외부로 나갈 수밖에 없다. 내가 목표한 곳을 찾아낼 때까지 요새 바깥으로 힘을 쏟아낸다.

노력이란 내가 목표한 바를 이루기 위해 몸과 마음을 다하여 애를 쓰는 일이다. 여기에서 핵심은 다한다는 말이다. 몸과 마음이 남아 있지 않은 정도로 힘을 가한다. 언제까지인가. 내가 목표한 일을 완수할 때까지 절대 멈추지 않는 것이 노력이다. '어디까지 해야 합니까?'에 대한 답은 '목표를 이룰 때까지'이다.

삼국지에서 가장 유명한 책사인 제갈량이 쓴 출사표에 나온 말이다. 국궁진췌 사이후이(鞠躬盡瘁 死而後已). 몸과 마음을 다 바쳐 최선을 다하고, 죽은 다음에야 그만두겠다. 유비가 죽고 목표했던 북벌을 이루기 위해 출정했다. 출사표를 올리고 출정했지만 끝내 이루지 못한 꿈이 되었다. 그럼에도 죽은 다음에야 그만두겠다는 말을 끝내 전장에서 지킨 제갈량이었다.

《주역》에는 곤란함을 뜻하는 곤괘(困卦)가 있다. 많은 어려움이 있는 형국이다. 연못이 있는데 물이 다 빠졌다. 물이 없는 연못을 연못이라고 할 수 있을까. 그런 어려운 형국을 헤쳐가기 위한 지혜가 있다. 바로 치명수지(致命遂志)다. 목숨이 다할 때까지 뜻을 좇는다. 제갈량이 행했던 삶이었다. 올바른 마음과 굴하지 않는 태도가 있다면 좌절하더라도, 길을 잃더라도 다시 길에 올라서 묵묵히 걸어간다.

노력이란 이런 과정이 아닐까. 노력이라는 말을 쉽게 쓸 수 없다. 성공한 사람들은 죽을 때까지 노력한다. 엔비디아의 젠슨 황은 하루에 17시간 일하고 휴일이 없다. 테슬라의 일론 머스크도 마찬가지다. 그들에겐 쉬는 시간이 없다. 오로지 일밖에 없다. 그들은 목표를 이루기 위해 노력한다.

'네가 열심히 노력했다고 생각하겠지만 그건 착각에 불과해. 실제로는 노력 근처에도 미치지 못해. 인생은 경쟁이고 네 진정한 적은 바로 너 자신이야. 인생은 딱 네가 노력한 만큼 돌려받는 거야. 많은 걸 바란다면 더 많이 노력해야 해.'[33]

우리는 그저 열심히 한다. 냉정하게 말하면 우리가 하는 대부분의 일은 노력이라 말하기 어렵다. 죽기 직전까지 해본 일이 얼마나 있을까. 공부를 죽기 직전까지 해보았을까. 달리기를 죽기 직전까지 해보았을까. 흔히 '노력하겠습니다'라는 말을 하는데, 노력이란 말을 쉽게 꺼내기 어렵다.

'일하는 사람에게 요구되는 것은 꾸준함이다. 사랑으로는 꾸준히 일할 수 없다. 꾸준히 하려면 의무로 해야 한다. 사랑이 의무가 되어야 한다. 잘하기 때문에 계속하는 것이 아니라 자기 일이기 때문에 계속하는 것이다.'[34]

자기 일을 끈기 있게 이어가며 노력해야 한다. 꾸준함 또한 노력에 포함된다.

우선 어떤 일에 몸과 마음을 다할 것인가를 생각해야 한다. 목표를 정했다면 끝까지 이루어야 한다. 죽어도 괜찮다는 마음으로 그 일을 해내야 한다. 사람은 쉽게 죽지 않는다. 그래서 끝내 목표를 이룰 기회를 잡는다. 진인사대천명(盡人事待天命)이다. 사람의 일을 다 하고 난 다음 하늘의 사명을 기다린다.

휴식

누구도 100미터 달리기하는 속도로 평생을 살아갈 수 없다. 마라토너처럼 꾸준히 뛰어가다가 지칠 때는 쉬어가야 한다. 달리고 싶은 느낌이 든다고 해서 무작정 달리다가 지치지 않아야 한다. 인생에 필요한 것은 꾸준함이지 불규칙성이 아니다.

봄에 씨 뿌리고, 여름에 잡초 뽑고, 가을에 수확하면 겨울에 저장한다. 하루 중 18시간은 깨어있고 6시간은 잠에 든다. 어떤 일이든 쉬는 시간이 존재한다.

모두에겐 휴식이 필요하다. 《성경》에서 하나님도 세상을 창조한 후, 일곱 번째 되는 날에 안식을 가지셨다. 그 덕분에 주말에 잘 쉬고 있다. 안식일이란 일주일 중 하루를 쉬며 예배를 드리며 하나님의 은혜를 되새기고 삶을 회복한다. 교회를 다니지 않아도 마찬가지다. 휴식을 취하며 스스로를 정비하고, 삶에 감사하며 회복의 시간으로 활용한다.

휴식은 잠깐의 멈춤이다. 맹렬하게 달리던 기차에게 경유역이 있어야 짐도 싣고 사람도 싣는다. 신발을 오래 신으려면 번갈아 가면서 신어야 냄새도 안 나고 오래 신는다.

> '누군가가 기대하는 일이라는 이유로 무조건 해야 한다고 절대 생각하지 마라. 그 누군가가 너 자신이라고 해도. 물러설 때를 알아라. 재조정이 필요한 때를 알아라. 이전의 계획들은 무시하고 전략을 재평가해야 할 때를 알아라.'[35]

일도 휴식과 멈춤이 필요하다. 누군가의 부추김으로 달려갈 필요 없다. 결국 액셀을 밟고 나아가는 책임은 내게 있다. F1 경기에서 정비사들이 늘 준비하는 이유는 무엇인가. 차량이 최적의 컨디션으로 경기하기 위해 준비한다. 정비 시간이 아깝다고 정비소에 들어가지 않는 차량은 없다. 정비하는 만큼 더 오랜 시간을 안전하고 빠르게 달릴 수 있다.

휴식이란 하던 일을 멈추고 잠깐 쉬는 것이다. 동작을 멈춰야 한다. 잠시 머물러야 하고, 시동을 끄고 멈춰서야 한다. 휴(休)는 사람(亻)이 나무(木)에 기대어 서있는 모습이다. 햇볕 내리쬐는 날 나무 그늘 아래에서 잠깐 쉴 때 느끼는 소소한 행복으로 다시 나아갈 힘이 생긴다.

휴식을 통해 회복해야 한다. 원래의 상태를 되찾아야 한다. 감정기복이 심한 사람은 다시 편안할 때의 감정으로 되돌아가야 한다. 즐거울 때 감정관리는 누구나 가능하다. 문제는 어렵고 화날 때이다. 힘들

때 감정 관리하는 모습을 통해 성숙한 사람과 성숙하지 못한 사람으로 나누어진다.

회복의 뜻을 가진 'Recover'에서 'Cover'는 덮개를 말한다. 누군가의 공격으로 나를 덮고 있던 덮개가 벗겨지면 문제가 된다. 달팽이는 등껍질로 외부환경으로부터 보호받는다. 거북이도 마찬가지다. 달팽이나 거북이는 느릿하지만 늘 등껍질이 존재하기에 보호받으며 지낸다. 거북이가 오래 사는 이유도 느리지만 보호받는 덮개가 있기에 안심하고 살아서 그렇지 않을까.

스스로를 덮는 방패를 되찾아야 한다. 세상 속에서 상처입지 않기 위해 나만의 등껍질을 찾아야 한다. 잠깐 기대어 쉴 나무, 나를 보호해 줄 등껍질 모두 같은 의미이다. 안전을 보장받을 수 있는 환경에 있어야만 온전한 휴식이 가능해진다.

정서적, 사회적, 경제적인 등껍질이 필요하다. 내, 외면의 안정이 함께 이루어져야 한다. 자기비하 하지 말고 스스로에게 자비로워야 한다. 내가 나를 상처 입히면 아무것도 소용이 없다. 스스로를 찌르는 화살은 어느 등껍질도 효과를 발휘하지 못한다. 자기긍정이라는 회복력으로 등껍질을 만들어야 한다.

사회에서 만나는 많은 인간관계에서 지원을 받아야 한다. 사람은 혼자 살아갈 수 없다. 결혼을 하지 않아도 더불어 살아가는 세상이기에 만남을 피할 수 없다. 그러한 만남 속에서 가족, 친구, 동료의 지원이 필요하다. 많은 이들의 버팀목이 심리적 안전망 역할을 하여 등껍질을 단단하게 만든다. 물론 우선되어야 하는 것은 홀로서기이다. 홀로 설 수 없는 사람에게 버팀목은 의지의 대상이 되어 맹목적으로 의지하는 사람이 된다. 두발로 설 수 있는 사람에게 러닝화는 말이 되지만,

일어서지 않는 사람에게 지팡이는 필요 없다.

　경제적인 등껍질도 반드시 필요하다. 사람이 당당해질 때는 언제인가. 내 돈으로 자립하여 살아갈 때이다. 경제적 여유가 있을수록 등껍질은 단단해진다. 안정적인 직장이나 재정적인 자립이 삶에 여유를 만든다. 경제적인 문제가 해결되면 많은 문제들의 난이도가 낮아진다. 무거웠던 문제가 웃고 넘길 수 있는 일이 되어버린다. 무엇을 위한 경제적 안정인가. 내 삶의 등껍질을 단단하게 만들기 위함이다.

　휴식을 통해 잠시 멈춰서 나아갈 방향을 재정비하고, 다시 회복하여 다음 목적지를 향해 나아간다. 멈추지 않는 기차는 없고, 정비하지 않는 레이싱은 없다. 우리가 끊임없이 나아가고 성장하려면 때때로 잠시 멈추어 나를 점검하고, 부족한 부분을 채우며, 다시 일어설 힘을 얻어야 한다.

어른

초등학교 때는 어른이 되면 무엇이든지 다 할 수 있다고 생각했다. 용돈도 5천 원이 아니라 마트에서 먹고 싶은 것도 마음대로 먹을 수 있을 것 같았다. 자동차도 멋지게 운전하고 일도 깔끔하게 잘 처리하면서 말이다. 어른이 되고 싶어 보폭이 넓은 어른을 보면 짧은 다리로 찢어지게 따라 걷기도 하고, 양복도 옷장에서 슬쩍 꺼내 걸쳐보기도 했다. 그러다 보니 시간은 흘러 어느새 어른이라 불리는 나이가 되었다.

어른이란 무엇일까. 어른 아이라는 단어처럼 몸은 어른이 되었는데 여전히 아이 같은 사람이 있다. 순수하다는 말을 쓸 수 있지만 반대로 아직 철이 들지 않음을 비꼬는 말이기도 하다. 어른 되기는 참 힘들다. 그 앞에 '좋은'이라던가 '훌륭한'이라는 수식어가 붙은 어른이 되는 것은 더 힘들다. 지나가는 군인에게 밥 한 번 맛있게 사줬다는 이야기를 들으면, '나도 왠지 모르게 지갑을 펼쳐야 하나'라는 생각을 하곤 한다. 주변의 멋짐을 들으며 나의 부족함을 비교하게 된다. 좋은 어른 되는 길이 별나라 이야기인 듯하다.

어른이란 다 자란 사람이다. 대체 다 자랐다는 건 얼마나 자라야 한다는 것일까. 키만 크면 될까. 무엇이 전체적으로 커지면 되는 걸까.

아이와 어른의 차이는 성과 장의 차이다. 아이는 생장에 더 치중되어 있다. 태어나서 커진다. 3kg 채 되지 않은 갓난아기가 건장한 체구의 청년이 될 수 있다. 태어나서 늘어나고 길어진다. 어른은 성숙이다. 생장이 완전하게 이루어져 여물어졌다. 어떤 일이든 익숙하게 해낸다.

아이든 어른이든 성장의 과정이 필요하다. 다만 아이에게는 생장이라는 과정을, 어른에게는 성숙이라는 과정을 더 중요시 여겨야 한다. 몸이 커지고 커진 몸에 익숙해져야 한다. 어른스럽다는 말은 이 과정을 빠르게 겪은 사람에게 해준다. 생소한 일이 익숙해질 때 어른이 된다. 히말라야에서 어린 10대 학생들이 일당 10달러를 벌기 위해 짐꾼 역할을 한다. 그 역할에 익숙해진 아이들을 보며 슬프지만 어른스럽다 말한다. 아이들에게는 등에 진 짐이 익숙하다.

누구나 익숙해지기까지의 과정이 필요하다. 그 과정에는 인내가 필요하다. 반복을 통해 익숙해지는데, 반복의 지난한 과정을 겪어야만 익숙해진다. 인내의 뿌리는 책임감이다. 부모가 자식을 위해 애쓰는 이유는 책임감 때문이다. 왜 힘들게 나가서 일하며 돈을 버는가. 책임감 때문이다. 내 사랑하는 가족을 행복하게 만들기 위해 눈이 오든, 비가 오든, 태풍이 몰아치든 상관없이 나간다.

성이란 이루어짐이고, 장이란 길어짐이다. 이루어짐이 길어진다

말인가. 아니면 길어짐이 이루어짐인가. 점진적으로 커진다는 말인데, 무엇이 커진다는 것인가. 내면이 성숙해지고 외형이 생장해야 한다. 내면과 외형의 균등한 성장이 있을 때 균형 잡힌 어른이 된다.

성인이란 이루는 사람이다. 항상 무언가를 이루어야 성인이다. 목표를 이루는 사람, 일을 해내는 사람, 가정을 이루는 사람. 그런 사람이 성인이다.

성인에게 주의해야 할 사항이 있다. 어른거리는 일을 막아야 한다. 이루어야 하는데 이루지 못하고 어른거리기만 한다. 보이다 말다 하면 안 된다. 눈에 아지랑이만 어린다. 그렇게 어려진다. 어린 사람은 희미하다. 어른은 분명하다. 분명하게 나아갈 바를 가진 사람이 바로 어른이다.

말

 살면서 말을 잘하고 싶은 적이 많다. 국민 MC라 불리는 유재석 씨가 말하는 걸 보면 청산유수라는 단어가 저절로 떠오른다. 어떻게 저렇게 말을 잘할까. 아나운서들이 뉴스를 진행할 때도 보면 확실하게 의미를 전달하는 모습에 감탄이 나온다. 왜 그렇게 말을 못하냐고 타박도 듣기도 했던 어렸을 때 내 모습을 떠올리면 말하는 법을 배우고 싶은 열망이 저절로 샘솟는다. 말을 하기보다는 듣는 것이 더 편했다. 그런데 지금에 와서 느낀 점은 말은 아끼면 아낄수록 좋다는 사실이다.

 '말을 뱉은 사람은 더욱 자신의 말에 붙들릴 수밖에 없다. 그것이 좋은 말이든 나쁜 말이든 마음속 어렴풋하게 믿었던 생각이 입 밖으로 나오는 순간 단정의 효과가 발휘되고, 그것이 진리인 양 점차

믿게 되기 때문이다.'36

웅진그룹 윤석금 회장이 한 말이다. 내가 한 말이 나를 만들어간다. 좋은 말만 한 사람은 좋은 방향으로 나아가고, 나쁜 말을 한 사람은 나쁜 방향으로 나아간다.

'한마디의 말로도 천지의 조화를 상하게 하고, 한 가지 일로도 평생의 복을 꺾을 수 있으니, 반드시 절실하게 점검해야 한다.'37

한 가지 사소한 일, 바로 내 말을 잘 점검해야 한다.

불교에서는 세 가지 업을 조심하라고 한다. 첫째, 몸으로 짓는 업이다. 내가 하는 행동, 습관으로 좋은 업이든 나쁜 업이든 만들어 낸다. 둘째, 말로 짓는 업이다. 내가 한 말이 응원이 될 수도, 비난이 될 수도 있다. 내뱉은 말이 누군가에게 상처가 될 때 악업이 쌓인다. 셋째, 생각으로 짓는 업이다. 내가 한 생각조차 어떤 결과를 불러오는 원인으로 작용한다. 생각을 조심하고, 말을 줄이고, 행동을 절제한다. 좋은 결과를 얻기 위해 좋은 원인을 만들어야 한다.

'우리가 어떤 행동을 하느냐, 어떤 말을 하느냐, 어떤 동기를 갖고 있는가. 이런 것들을 바꾸지 않으면 삶이 거친 상태 그대로 흘러갑니다. 생각이 거칠면 말이 일단 거칠게 나오고 행동이 당연히 거칠죠. 그리고 불안정하죠.'38

침묵이 금이다. 침묵이란 고요함이다. 마음이 평화롭고 조용하기에 흔들리지 않는다. 명경지수(明鏡止水)를 얻은 상태일 때 침묵할 수 있다. 스님이 되면 면벽수련을 한다. 벽을 보고 생각을 놓아버린다. 나아가 묵언수행을 통해 말을 금한다. 모두 고요한 마음을 만들기 위함이다. 마음이 시끄러운 사람이 어떻게 침묵할 수 있을까. 날뛰는 마음을 잠재워야 한다. 허파에 바람이 든 경박한 사람은 물에 떠오르고 중후한 돌덩이 같은 사람은 깊게 가라앉는다. 마음을 가라앉히면 침묵할 수 있다.

말은 달리는 말처럼 이리저리 뛰어다닌다. 발 없는 말이 천리를 간다. 말 한 마리가 끄는 힘을 나타내는 마력으로 자동차의 성능을 나타내는 것을 보면 말의 힘이 얼마나 강한지 알 수 있다. 말을 조심하지 않을 수 없다. 내가 한 말은 반드시 와전되어 누군가에게 들어간다.

끝나가는 시점을 말할 때 말기라고 한다. 이때 끝을 의미하는 글자 또한 말이다. 말은 끝을 결정한다. 말로 인해 어지러운 말세가 될 수 있다. 세상을 어지럽히는 사람은 보통 말로 현혹한다. 말이 꼭대기에 다다르면 끝난다. 그러니 말을 아껴야 한다. 세 번 말할 일 한 번만 말한다. 말이 끝에 이르지 않기 위함이다.

말씨란 말하는 태도를 말한다. 말은 씨가 된다. 내가 한 말이 씨앗이 되어 세상에 심어진다. 말씨가 사납다고 말하기도 하는데 상대의 사나운 말이 사나운 씨앗이 되어 그에 상응하는 결과물을 불러온다. 호랑이도 제 말 하면 온다는 말이 있다. 호랑이를 부르는 위험을 감수하지 말자.

누군가를 끊임없이 심판하며 스스로 염라대왕이 되어 지옥 속을 헤매는 사람이 있다. 과연 그런 심판의 자극을 위해 스스로를 고통 속에 가두는 것이 의미가 있을까. 차라리 천국에서 한 마리씩 조용히 양을 세며 평온하게 살아가는 편이 훨씬 나을 것이다. 심판하지 말고 그저 헤아리는 말만 해보자.

비즈니스는 사람과 사람 사이의 관계로 시작된다. 성공과 실패는 그 과정에서 자연스럽게 마주하는 경험이며, 이를 통해 조직과 개인의 문화를 형성한다.

이름은 그 문화와 가치를 대표하는 상징이며, 탁월함을 추구하는 마음이 결국 경쟁력을 만든다. 때로는 결핍이 성장의 원동력이 되고, 영리함은 어려운 상황을 현명하게 극복하는 힘이 된다.

7장.
삶과 일

비즈니스
사람
성공과 실패
문화
이름
탁월함
결핍
영리함

비즈니스

비즈니스란 일이나 업무를 뜻하는 영어단어이다. 이 단어를 'Bus'와 'In', 'Ness'로 나누어보자. 말 그대로 버스 안에 있는 상태이다. 일을 한다는 것은 버스를 타고 목적지로 가는 과정을 의미한다. 우리가 하는 모든 업무는 홀로 하지 않는다. '팀'이다. 늘 함께 동승하는 동료들이 있다. 동료와 함께 목적지로 나아가는 과정이 일이고 이를 지속적으로 운행할 수 있도록 만드는 것도 일이다.

버스를 운전하는 운전수도 중요하다. 운전수의 능력에 따라 편안한 여행이 될지, 불쾌한 여행이 될지 결정되기 때문이다. 버스를 타면 기분 좋게 인사해 주시는 기사님도 있지만 얼굴을 찡그리며 욕을 하시는 분들도 있다. 둘 중에 어떤 기사님이 운전해 주는 버스를 타고 싶은가를 묻는다면 당연히 기분을 좋게 운전하시는 기사님이다. 그래서 항상 리더가 중요하다.

물론 우리는 버스의 기사를 결정할 권한이나 능력이 없다. 그저 목적지를 향하는 버스를 탈 때 그 속에서 어떻게 함께 가는지에 대해 고민할 뿐이다. 기사님이 운전을 잘할 수 있게 도움을 주거나, 내비게이션을 업그레이드해 주거나, 중간에 쉬어갈 휴게소를 찾아주거나 하며 말이다. 내 옆에 앉은 동료와 함께 이동하는 긴 시간을 어떻게 보낼지도 고민해야 한다. 마음에 들지 않아도 어쩔 수 없다. 절이 싫으면 중이 떠나듯 그 버스에서 내릴 수밖에. 타고 있던 버스에서 내리면 목적지부터 다시 설정하고, 그곳으로 가는 버스를 기다리는 대기시간이 필요하다. 이러한 낭비를 줄이려면 버스에서 내리기보다는 그 속에서 내가 어떻게 할지를 정해야 한다.

버스에 타 있는 우리는 승객일 때도 있고, 정비사일 때도 있고, 청소부일 때도 있고, 기사일 때도 있다. 어떤 보직이 주어지든 관계없이 계획과 목적의식을 갖고 운영해 나갈 때 우리는 비즈니스를 한다. 버스 안에서 많은 일들이 벌어질 수 있다. 서로 마음이 안 맞아 싸울 수도 있지만 핵심은 목적지를 향한 지속적인 운행이다. 우리의 감정을 내세우려고 버스에 타지 않는다. 오로지 목적지만 바라보고 간다. 그러니 나를 내세우지 않는 태도가 승객으로서 가장 먼저 가져야 할 태도이다.

'Business'의 어원은 'Busy'에서 왔다고 한다. 바빠야 일이다. 우리가 하는 모든 일은 바쁠 수밖에 없다. 끊임없는 문제가 발생하는 상황에서 하나씩 해결해 갈 뿐이다. 늘 어떤 일에 매달려야 하고, 자잘한 일들로 복잡하며, 할 일이 많아 바쁘다. 멈출 새 없이 전화가 걸려 오고 일터는 사람으로, 문제들로 붐빈다. 일에 대한 정의를 분명히 내려야 한다.

철학자 토마스 칼라일은 이렇게 말했다. '일은 인간을 괴롭혀 온 모든 병폐와 비참함을 막아주는 위대한 치료제다.' 바쁨을 통해 많은 일이 치료된다. 바쁘면 아플 시간이 없다는 말도 되지 않을까.

일은 바쁘려고 한다. 빠르게 변화하는 환경 속에 적응하려면 바쁘게 움직여야 한다. 오리가 호수에 가만히 있기 위해 발길질을 하고 새가 불어오는 바람을 마주하여 전진하기 위해 날갯짓을 한다. 서핑보드 위에서 균형을 잡으려면 서핑보드 위에서 가만히 있을 수 없다. 정신없이 바쁜 일터에서 하나씩 해결되는 문제를 통해 성장을 꾀한다.

비즈니스를 'Busy'와 'Needs'로 나눠보자. '비지니즈'란 바쁘게 누군가의 니즈를 알아채는 과정이다. 손님이 들어오면 손님의 필요에 맞게 응대해야 한다. 내가 아무리 카레를 잘하더라도 고객이 볶음밥을 먹고 싶다면 볶음밥을 만들어야 한다. 상대방에게 맞는, 상대의 필요에 합당하도록 바쁘게 움직여야 한다.

비즈니스의 사전적인 의미는 '일을 일정한 목적과 계획을 가지고 짜임새 있게 지속적으로 경영한다.'이다. 첫 번째, 일정한 목적과 계획을 가져야 한다. 목적지 없는 버스는 없다. 움직이지 않는 헌혈버스도 헌혈을 하기 위한 목적으로 존재한다. 목적이 있으면 목적을 향해 나아가기 위한 계획이 필요하다. 버스노선이 계획적이지 않으면 교통이 마비된다. 모든 일을 계획적으로 해야 효율적이고 효과적이다.

두 번째, 계획했으면 실행한다. 실행할 때 유의해야 할 점은 '짜임새'이다. 짜임새 있는 실행이란 내가 설정한 계획과 행동이 연관이 있어야 하고, 그 행동에 체계를 포함시켜야 한다. 일은 한 몸처럼 해야 한다.《손자병법》에는 상산에 사는 솔연이라는 뱀에 대한 이야기가 나온다. 솔연은 머리가 둘인 큰 뱀인데, 머리를 치면 꼬리로 공격하고, 꼬리를 치면 독니로 찌르며, 몸통을 치면 머리와 꼬리가 한꺼번에 덤벼든다. 솔연처럼 전체가 하나의 몸처럼 체계적으로 움직일 때 짜임새 있다고 말한다.

세 번째가 지속성이다. 일을 할 때는 지속성이 필요하다. 기업에서 가장 중요한 단어가 '영속성'이다. 많은 기업이 추구하는 바는 성장하는 기업으로 퇴보하거나 쓰러지지 않는 것이다. 오랫동안 끊이지 않고 이어지기 위해 목적과 계획을 갖고 체계적으로 움직인다. 연예계에는 반짝 스타가 많지만 그런 스타들은 오랫동안 대중들에게 기억되지 못한다. 국민 MC인 유재석처럼 꾸준하게 인기를 유지하는 지속성이 필요하다.

이런 세 가지가 모여 이루어진 경영이 되었을 때 우리는 비즈니스라고 말한다. 기초를 잘 닦아 꼼꼼하게 세운 계획을 바탕으로 관리하고 운영해야 한다.

우리는 이루고자 하는 바나 적절한 대가를 받기 위해 일을 한다. 하지만 비즈니스는 성취하고 싶은 목적을 위해 체계적이고 지속적으로 관리하는 과정이 필요하다. 직장을 대가를 받는 곳으로 여길 수 있지만, 그보다는 내가 하나씩 관리하는 곳으로 여기며 비즈니스를 해야 좀 더 나은 사람이 되지 않을까.

장사꾼이 아닌 사업가의 마음으로 일해야 한다. 장사꾼은 오늘 하루의 이익에 몰두하지만 사업가는 크게 보고 멀리 보며 1년의 계획, 10년의 계획을 세우며 체계적으로 경영한다. 내가 팀원이어도 일반 팀원이 아닌 경영자의 입장에서, 사업가의 입장에서 비즈니스를 해야 한다. 내가 하는 일에 계획이 있는가. 목적이 있는가. 체계적으로 업무의 우선순위를 따져가며 하는가. 내가 하는 일을 지속할 수 있는가. 나는 장사꾼인가, 아니면 비즈니스맨인가. 이런 질문들을 수시로 던져야 한다.

'기업가의 정의를 아는가? 나는 수익을 얻으며 사람들의 문제를 해결하는 사람이라고 말한다.'[39]

나를 무엇이라고 정의하는가에 따라 삶이 달라진다. 내가 사원인데 팀장이라고 생각하면 팀장 같은 사원이 될 것이고, 내가 팀장인데 사원이라고 생각하면 사원 같은 팀장이 된다. 내가 사람들의 문제를 해결하기 위해 일을 하면 그런 사람이 되지만, 월급만 받으며 성장하지 않는다고 정의하면 그 정도에 머물 뿐이다.

'위대한 기업가에게는 불가능한 것을 꿈꾸고, 남들이 가지 않은 길을 걷고, 대다수의 반대자에 맞서고, 내일은 더 나아질 것이란 희망으로 엄청난 희생도 마다하지 않을 용기가 있습니다. 용기와 더불어 중요한 것은 긍정과 희망입니다. 위험을 감수하고 남들이 덜 가거나 가지 않은 길을 걷더라도 긍정적이고 낙관적이어야 합니다.'[40]

비즈니스를 하는 사람에겐 반드시 긍정성이 필요하다. 자신이 갖고 있는 희망을 보여주어야 한다. 푸른 바다를 상상하게 만들어 배를 만들고, 하늘을 날아갈 수 있다고 꿈을 보여주며 비행기를 만든다. 위험을 감수하는 용기로 불안정한 비행기를 시험 비행한 라이트형제처럼 말이다.

사람

　사람은 한자로 인간이다. 왜 사람이 아닌 사람(人) 사이(間)라고 표현할까. 사람은 혼자 살아갈 수 없다. 어떤 경우든 함께 살아가는 존재이기에 사람에 '사이'를 붙여 부른다.
　사람은 다양한 사람과 여러 사이를 맺는다. 친구사이, 연인사이, 부부사이 등 다양한 수식어가 붙는다. 수식어에 따라 사이는 가까워질 수도, 멀어질 수도 있다. 사이를 잘못 생각하면 '좋아하는 우리 사이 멀어질까 두려워.'라는 노래 가사처럼 멀어진다.
　모든 사이를 조심해야 한다. 언제나 사이는 변한다. 변화하지 않는다는 착각 때문에 사이가 멀어진다. 영원한 사이는 없다. 뜨겁게 사랑하는 연인도 차갑게 돌아서고, 둘도 없는 친구도 손쉽게 멀어지는 것이 관계다. 모든 것은 변할 수 있다는 사실을 유념하고 사이를 맺어야 한다.

사람은 살다의 '살'에서 시작되었다. 사람을 이해하려면 살아감과 죽음을 이해해야 한다. 살아감이 모여 삶이 된다. 죽어있지 않아야 사람이고, 살아 움직여야 사람이다. 살아가는 사람만이 사람이다. 영어로 'Human'이 있지만 그 대신 'The human being'이라는 단어를 쓰는 이유도 살아 움직이는 사람을 의미하기에 'Being'을 추가했다.

산다는 건 다양한 의미가 있지만 그중에서 핵심은 본래 가지고 있던 특성이 그대로 있음을 의미한다. 사회의 때가 묻어 원하는 바를 이루지 못하고, 상처받아 두려워하는 삶은 살아있다고 말하기 어렵다. 움직임을 멈추면 살아있다고 보기 어렵다. 어떤 삶을 영위하고 집에서 밥 잘 챙겨 먹는 것을 산다고 말하기 어렵다. 살아간다는 정의는 '나' 자신의 본성, 특징을 잃지 않고 생생히 움직인다는 말이다.

변화하지 않으면 살아있지 않다. 나무는 시간이 흘러 무럭무럭 자라난다. 시간이 흐르는데 거꾸로 작아지는 나무는 없다. 모든 생명은 자란다. '자란다 자란다' 하기에 '잘한다 잘한다'라고 한다. 성장을 기뻐하여 축하하기에 잘한다고 말한다.

나는 생명이라는 단어를 좋아한다. 우리가 받은 사명은 생생히 살아 있으라는 세상의 명령이다. 누구나 이 땅에 태어나 삶을 부여받는다. 날 것 그대로 태어나 익숙하지 않은 환경을 받아들이고 일생을 보낸다. 모든 것이 서툴지만 삶을 향한 의욕만은 최고로 태어난다. 삶에 대해 생생히 살라는 사명을 받았기 때문이다. 생명은 살아 있게 하는 힘이다. 활동할 수 있게 받은 명령이자 분부다. 누구나 하늘의 분부를 받고 태어났음을 잊지 말아야 한다.

죽음이란 이 생명이 끊어진 현상이다. 제 기능을 못 하고, 생동성을 잃고, 기운이 꺾이고, 본래 가지고 있던 특징이 변하여 드러나지 않을 때 죽음이라 부른다. 죽음이란 사라짐이고 멈춰 섬이고 밝게 타오르던 불빛의 소멸이다.

　모든 사람은 살아있음의 분부, 자기다움의 분부를 받았다. 다음 단계인 성숙은 받은 사명을 잊지 않고 가꾸어나갈 때 가능하다. 시작은 미약하지만 끝은 창대하다. 낯선 곳에서 태어나 익숙한 곳에서 떠난다. 그 반복의 과정을 연습이라 말하고, 훈련이라 부르며, 수행이라 칭한다. 창대한 끝을 위하여 살아가는 것이 삶이고, 그런 과정을 겪는 주체가 사람이다. 사람은 살아야 하고, 살아내야 하며, 살아가야 한다.

　사람이라는 글자가 합쳐지면 삶이 된다. 서로 다른 두 사람이 하나가 되는 것 또한 삶이다. 서로의 만남은 둘 모두의 삶 그 자체이다. 서로가 서로를 잘 대하는 것이 삶을 잘 지키고 가꾸는 일이다.

성공과 실패

 누구나 성공하고 싶어 한다. 많은 사람들에게 꿈이 무엇이냐고 물으면 성공 혹은 행복을 말한다. 물론 맞는 말이다. 하지만 성공의 뜻을 알고 성공을 꿈꿔야 한다.

 성공(成功)이란 목표한 바를 이루는 일이다. 성공에는 목표가 꼭 필요하다. 이번 시험에 100점을 맞겠다는 목표가 없다면 성공은 없다. 이를 헛됨을 이루어 낸다고 하여 성공(成空)이라 부른다.

 목표를 세웠으면 그 목표를 성취해야 한다. 성취란 목적한 바를 이루는 일이다. 취(就)라는 글자는 서울(京)과 더욱(尤)이라는 글자가 합쳐졌다. 옛날에는 과거시험에 급제하기 위해 지방에서 서울로 상경했다. 과거 합격을 위한 간절한 마음이 서울을 바라보며 더욱더 커지기 때문에 나아가다, 마치다, 아름답다는 뜻이 있다. 성취란 원하는 바를 얻기 위해 서울로 올라가는 사람들의 아름다운 모습을 말한다.

성취를 통해 성장하기 시작한다. 성장이란 어떤 일을 이룬 다음 커지는 과정이다. 작은 목표들을 하나씩 성취해 가다 보면 더 큰 목표를 향해 한 발자국씩 나아갈 수 있다. 그러다 보면 보폭이 넓어지고 이룰 수 있는 성취도 커진다. 이런 성장이 지속성을 가질 때 성공을 향한 발판을 쌓았다고 말한다.

성(成)에는 고르게 하다는 뜻이 있다. 무엇을 고르게 하는가. 내가 이루고자 하는 목표들이 균등한지를 생각해야 한다. 인생에서 어떤 한 분야만 특출나게 이루었다고 해서 성공이라 말하지 않는다. 전체적으로 균등한 성장이 이루어져야 한다. 나무가 자랄 때 뿌리는 짧은데 키만 클 수는 없다. 뿌리가 자란 만큼 나무가 자라기 때문이다. 내 성취가, 내 성장이, 내 성공이 균등하게 이루어지고 있는지를 늘 살펴야 한다.

성공하는 삶이 있는 반면 실패도 늘 존재한다. 무엇이 실패인가. 일이 뜻대로 되지 않음이 곧 실패이다. 무너지고, 깨지고, 썩고, 떨어지고, 빠지고 해진다. 농사를 지어도 기근이 든다. 좌절하고, 낭패를 본다. 철저한 실패다.

인생에 실패는 당연한 일이다. 농사를 짓는다 해서 매년 풍요로운 농사가 될 수 없다. 세상에 좋은 일이 있으면 나쁜 일이 있고, 나쁜 일이 있으면 좋은 일이 있다. 해가 지면 달이 뜨고, 달이 지면 해가 뜬다. 이를 흐름이라 말한다. 인생의 흐름에서 해야 할 일은 실패의 폭을 줄이고, 성공의 폭을 넓히는 일이다. 실패해도 괜찮다. 단, 실패에서 배우고, 실패하기 전에 미리 예방하고, 많은 경험과 독서를 통해 실패에서 일어나는 법을 배우면 된다.

'실패는 미래에 절망했을 때와 과거의 체험이 쓸데없었다고 판단했을 때 확정된다네.'[41]

앞으로의 시간이 두려워 포기하고, 과거의 실패에 자책하며 현실을 포기할 때를 실패라 말한다. 무너지고, 깨지고, 썩고, 떨어지고, 빠져도 다시 일어서서 농사지으면 된다. 이는 성공의 과정이지 실패가 아니다.

내가 실패라고 명명하지 않고, 포기하지 않고 끝까지 해내면 성공의 과정이다. 앞으로 '성공이 꿈입니다.'라는 대답보다는 '포기하지 않고 나아가는 것이 꿈입니다.'로 바꾸는 것이 어떨까.

문화

 인간은 문명을 이룩했고, 그 문명 속에서 고유의 문화가 탄생한다. 사람은 문화인이 되어야 한다. 짐승들이 사는 약육강식의 세상이 아니라 합리적이고 깨어있는 세상을 향해 나아가야 한다. 인간과 동물이 구분되는 것은 오직 문화에 의해서 결정된다.

 문화란 '자연 상태에서 벗어나 일정한 목적 또는 이상을 실현하고자 사회 구성원에 의하여 습득, 공유, 전달되는 행동 양식이나 생활양식'을 말한다. 사회에는 그 사회의 문화가 있고, 가정에는 가정 고유의 문화가 존재한다. 가정의 문화는 가풍이 되어 대대로 전해져 내려온다. 가정교육 또한 가정문화의 일환으로 대물림된다.
 사람과의 관계에서 '저 사람은 나와 문화가 맞지 않아'라는 말을 하곤 한다. 생각하는 방식, 기준, 생활양식, 행동 규범 자체가 다르기 때문에 나오는 말이다. 문화가 다르기에 전반적인 태도부터 인생을 어떻게 살아가는가에 이르기까지 차이가 난다. 행동 양식이 다르니 사고방식도 다르다.

물론 특정 문화가 더 우수하다는 뜻이 아니다. 문화는 그저 다를 뿐이다. 하지만 사람의 문화에 가까운 문화와 짐승의 세상에 가까운 문화로 나눌 수는 있다. 세상의 규범에 따르지 않고 이기적이며 약육강식의 태도를 드러내는 문화는 짐승에 가깝다. 세상은 더불어 살아가야 하는데 자기 이익만 챙기고 상대에게 피해를 입히는 문화는 잘못된 문화다.

리더라면 좋은 문화를 바탕으로 아랫사람들을 잘 이끌어가야 한다. 그런 사람이 회사에 가면 좋은 회사문화를 만들고, 가정에서는 좋은 가정문화를 만들어간다. 좋은 문화를 가진 사람은 본인이 자리하는 곳에서 좋은 문화를 공유하고 전달한다. 그것이 문화가 퍼져나가는 방식이다. 문화란 자연 상태를 벗어나 높은 이상을 추구하며, 이를 공유하고 전달하는 과정이다. 훌륭한 문화를 가진 사람에게 배우는 것이 중요한 이유도 바로 여기에 있다.

문(文)에는 무늬, 학문의 뜻이 있다. 글월이란 글이나 문장을 의미한다. 글은 생각을 글자로 나타낸 것이며, 학문을 의미하기도 한다. 학문이란 어떤 분야를 체계적으로 배우는 일이다. 사람이 이루고자 하는 학문은 바로 사람답게 사는 것이었다.

우리가 사람인데 사람이 된다니 이상하게 들릴지도 모르겠다. 하지만 선조들이 목표했던 진짜 사람은 '사람다운 사람'이었다. 사람으로 태어났다고 누구나 사람이라 말할 수는 없다. 범죄를 저지르거나 나쁜 일을 하는 사람들을 보면 사람이라고 말하기 어렵다. 진짜 사람다운 사람이란 흠 잡을 곳 없이 태도가 바르고, 마음을 다스려 흔들림 없는 사람이다. 외적으로는 올바르고 내적으로는 모두를 공경하고 겸손하여 예의 바른 사람이다. 즉, 군자가 되는 것이 목표였다. 군자란 좋은 리더, 지도자를 말한다. 올바른 리더가 되어야 세상을 올바른 길로 이끌 수 있는 사람이 되기 때문이다.

학문을 배우는 이유는 훌륭한 리더가 되기 위함이다. 꼭 사회적 리더가 되고자 했던 것이 아니라 가정에서 좋은 가장이 되고, 회사에서 좋은 상사가 되는 것이다. 자기가 있는 곳에서 좋은 사람을 넘어선 훌륭한 사람이 되는 것이 진짜 사람다운 사람이 되는 것이다. 아랫사람에게 윽박지르고 화내며 자기 이익만을 챙기는 나쁜 상사가 아니라 모두가 함께 잘되고 더불어 살아가는 사회를 만드는 사람들이 되어야 한다. 그러한 삶만이 아름답고 빛나는 일이기에 문(文)이라 했다. 우두머리(亠)의 배움(乂)이 바로 문(文)이다. 그들이 새기고 꾸미는 무늬에 의해 변화되는 것이 바로 문화이다.

화(化)는 되다, 감화시키다, 달라지다의 뜻이다. 위에서 내려오는 무늬에 맞게 본받고 달라지는 것이다.

문화를 공유하기 위해서는 좋은 문화를 가진 사람이 되어야 한다. 사람다운 사람, 훌륭한 사람이 되기 위해 공부하고 책을 보고 좋은 문화를 배워야 한다. 공부의 목적은 더불어 잘사는 세상을 만드는 일이다. 이를 대동 사회라고 말한다. 대동(大同)이란 크게 같다는 말이다. 너도 잘살고, 나도 잘사는 행복한 유토피아 같은 세상을 목표로 했다. 자기가 가진 문화를 좀 더 나은 문화로 바꾸고 싶다면 새로운 문화를 보고 배우면 된다. 지금 내 문화가 어떤 문화인지 살펴보고, 내 후손들에게 어떤 문화를 물려줄지도 고민해야 한다.

이름

내가 누구인가를 물을 때 가장 먼저 든 생각은 이름이다. 이름은 사람을 부를 때 반드시 필요하다. 가장 듣기 싫은 말이 '야'다. 이름이 있는데 왜 '야'라고 부르는가. 군대에서 가장 듣기 싫었던 말이 '야'다. '야' 다음에 '임마'가 저절로 나오기 때문에 듣기 싫었는지도 모르겠다.

이름은 구별의 기능이다. 나와 남의 다름은 이름을 통해서 시작된다. 말에는 힘이 있다. 내가 한 말은 자기충족적 예언이 되어 말대로 되게 만든다. 그렇다면 평생을 들어온 내 이름대로 살아가게 된다는 말도 되지 않을까. 어떤 사람에게 이름을 달이라고 붙이면 어떨까. 하다못해 얼굴이라도 달덩이처럼 둥글게 될 것이다. '나는 달이다'라고 계속 생각하면 그 생각이 의식을 넘어 무의식 깊숙하게 자리한다. 나는 달이라고 증명서도 나오고, 도장도 만든다. 모든 증명은 달이라는 이름으로 하는데 어떻게 내가 달이 되지 않을 수 있겠는가.

성명(姓名)의 명(名)은 저녁(夕)에 부르는 말(口)이다. 어둠 속에서 이름을 통해 상대를 발견한다. 빛이 없는 곳에서 구별의 빛이 된다. 모두가 눈 감고 있는 세상에서 내 이름을 통해 눈을 뜬다. 심청전에 나오는 심 봉사가 눈을 뜬 이유가 무엇일까. 맹인 잔치에서 눈을 뜬 사람은 이름이 불린 심 봉사 외에는 없었다. 황후가 된 심청이 이름을 불러줘서 눈을 떴다. 이처럼 이름이 불리면 남과 구별된 나 자신으로 살게 된다.

이름다워지려면 세 과정이 필요하다. 첫째, 이름은 이르러야 한다. 내 이름에 맞도록 도달해야 한다. 태어나서 이름이 붙으면 그 이름으로 향하는 길에 들어선다. 내 이름은 동일이다. 늘 한결같이 살고, 훌륭한 사람을 동일하게 닮아가길 희망한다. 그 끝에 그 사람과 닮아가야 한다. 사람에게 이름이 붙여지면 그 이름답게 살아야 한다.

둘째, 이름은 일러줘야 한다. 잘 깨닫도록 만들어야 한다. 어떻게 상대를 깨닫게 하는가. 말로 깨닫게 하기는 어렵다. 백문이 불여일견이라는 말은 여러 번 듣는 것보다 한 번 보는 게 낫다는 말이다. 내가 아무리 동일이라 말해도 한결같은 태도를 갖지 않으면 동일하다고 인정하지 않는다. 행동으로 일러줘야 한다.

셋째, 이름은 일러야 한다. 정해진 시간보다 앞서서 행해야 한다. 이름대로 산다는 건 스스로가 정한 시간보다 먼저 해야 한다. 목표를 세웠다면 그 이전에 미리 끝내야 한다. 일찍 일어나는 새가 되어야 더 많은 벌레를 잡아먹는다. 모든 일에 즉각적인 태도가 필요하다. 끝에 가서 벼락치기를 통해 나온 결과는 완성도가 높지도, 결과물이 좋지도 않다.

공자는 정명(正名)을 이야기했다. 명칭이 바르게 되어야 한다. 임금은 임금답고 아버지는 아버지다워야 하고 사람은 사람다워야 한다. 이름을 받았으면 이름다워야 한다. 그것이 나와 남이 구별되는 시작이다. 내 이름이 무엇인지 살펴보자. 사전을 펴서 나와 같은 소리로 쓰는 글자를 찾아보고, 한자로도 찾아보고, 영어로도 찾아보자. 다양한 단어의 쓰임에 내 이름의 쓰임도 자세히 알 수 있을 것이다.

탁월함

  우리는 만족할 정도에 좋아함을 붙이고, 감탄할 정도에 탁월함을 붙인다. 탁월함은 두드러지게 뛰어난 모습이다. 소인국에 들어간 걸리버는 탁월한 능력을 보였다. 소인들이 쉽게 해내지 못하는 일을 손쉽게 해결하는 탁월함이 있었기에 왕국에서 큰 대접을 받았다. 혁신적인 아이디어로 세상에 혁신을 일으킨 스티브 잡스나 아마존의 제프 베조스, 엔비디아의 젠슨 황 같은 사람을 탁월하다고 말한다.

  뚜렷하게 드러나야 한다. 주머니 속의 송곳은 튀어나오기 마련이다. 세상은 무능력을 가만히 두지 않는다. 남들보다 월등하게 훌륭하여 앞서 있어야 생존한다. 아이폰이 세상에 나왔을 때 모두가 훌륭하다 말했다. 좋아서 나무랄 곳이 없었다. 흠잡을 곳도 없었다. 단순하지만 세련되었다. 아이폰이 세상에 나오고 다른 휴대폰은 없어졌다. 아이폰은 어떤 휴대폰보다도 월등했고 훌륭하게 앞서있었다. 한 번의 탁월함이 평생의 기준을 높이고 그 탁월함에서 벗어나지 않도록 만든다. 그래서 탁월함을 이루기 위해 애써야 한다. 탁월함에 오르면 기준이 낮아질 수 없기 때문이다.

 탁월한 능력이 있는 사람은 그에 맞게 대접을 받는다. 많은 사람들이 탁월한 생각, 탁월한 행동, 탁월한 사람이 되길 희망하지만 정작 탁월함에 대해 생각해 보지는 않는다.
 탁월함이란 'Outstanding'으로 바깥(Out)에 서 있는(Standing) 모습이다. 지금 처한 환경의 안이 아니라 바깥에서 현상을 지켜보고 있다. 풀리지 않는 매듭을 열심히 푸는 사람이 아니라 칼로 끊어버리는 사람이다. 밖에 있기에 생각의 전환이 빠르다. 숲에 들어가면 나무밖에 보이지 않는데 탁월한 사람은 공중에 드론을 띄워 숲 전체를 볼 수 있다.
 탁(卓)은 높다는 뜻이다. 이 글자는 아침(早)에 점친다(卜)는 뜻으로 이른 아침에 그날 하루를 계획하고, 예측하고, 상상하는 사람이 높아진다는 말이다. 월(越)은 뛰어넘는다는 뜻이다. 도끼(戉)를 들고 뛰어가는(走) 사람이다. 도끼를 든 사람은 어떤 숲을 마주쳐도 내가 든 무기로 헤쳐 나간다. 도끼는 내가 가진 능력이다. 능력 없이는 탁월해질 수 없다.
 탁월해지기 위해서 필요한 것은 첫째, 계획성과 예측력이다. 둘째, 문제를 해결하는 능력이다. 셋째, 넓게 볼 수 있는 시야를 가져야 한다. 이 세 가지 능력이 없으면 탁월해지기 어렵다.

 탁월한 사람들은 한 가지를 경계해야 한다. 바로 자만심이다. 내가 탁월해진 것은 오로지 내 노력에 의한 것이라는 착각에 빠지며, 감사를 잊고, 겸손을 잃는다. 메리토크라시라는 단어가 있다. 능력(Merit)과 통치(Cracy)가 합쳐진 글자로, 개인의 능력에 의해 보상이 결정되는 시스템을 의미한다. 스스로가 노력해서 모든 것을 얻었다는 인식으로 이어지기에 이를 경계해야 한다. 아버지였던 다이달로스의 조언을 듣지 않고 하늘로 날아오른 이카로스는 결국 바다에 떨어져 죽었다. 이카로스처럼 죽지 않으려면 겸손이 필요하다.

창세기 11장에는 바벨탑 이야기가 나온다. 세상 사람들의 언어가 하나였을 때 하늘에 닿을 탑을 건설하기로 했다. 탁월함이 지나쳐 하늘을 찔렀다. 그 교만으로 인해 언어는 뒤섞이고 사람들은 흩어지게 되었다.

'탁월한 사람은 매일 자신을 선배의 자리, 권위자의 자리가 아니라 신인의 자리에 세우는 사람이 아닐까 합니다.'[42]

신인의 자리는 배우는 자리고, 양보하는 자리고, 겸손한 자리다. 진정 탁월한 사람은 겸손을 잃지 않는다.

결핍

결핍에는 두 종류가 있다. 첫 번째 결핍은 다 써서 없어진 결핍이고, 두 번째 결핍은 있어야 할 것이 모자란 결핍이다. 밥을 먹지 않으면 배가 고프다. 첫 번째 결핍이다. 밥은 먹었는데 왜인지 모르게 배가 고프다. 두 번째 결핍이다. 첫 번째는 당연히 일어나는 결핍이다. 열심히 달리고 나면 힘든 게 정상이다. 첫 번째 결핍은 스스로 채우면 된다. 마라톤 뛰고 밥을 먹으면 힘을 얻는다. 그런데 문제는 두 번째 결핍이다. 사랑을 받았는데 만족하지 못하고 갈구하고 더 나아가 집착한다. 이럴 때 결핍이 삶의 문제가 된다.

결핍은 내 기준점에 미치지 못해서 일어난다. 부족이란 만족이 없는 상태다. 족(足)은 발을 뜻한다. 족하다는 말이 왜 모자람이 없다고 말하는 걸까. 톨스토이의 《사람은 무엇으로 사는가》라는 책 중에 〈사람에게는 얼마만큼의 땅이 필요한가〉라는 단편이 있다. 파홈이라는 농부에게 땅을 거저 살 수 있다는 소문이 들려온다. 거래 조건은 간단했다. 해가 뜨고 나서 해가 지기 전까지 이동하여 다시 시작지점으로 돌아왔을 때 그 땅을 1,000루블에 주기로 했다. 하지만 시작지점에 제때 도달하지 못하면 1,000루블을 잃는다는 조건이었다. 파홈은 식은 죽 먹기라며 걸음을 시작했지만 욕심이 눈앞을 가려 시간 내에 시작지점으로 돌아오지 못하고, 무리한 나머지 피를 토해 죽고 말았다. 죽은 파홈에게 허락된 땅은 관이 들어가는 2m밖에 되지 않았다.

파홈에게는 결핍이 있었다. 땅을 더 갖고자 하는 결핍이었다. 땅이 있지만 만족하지 못하고 있어야 할 것이 모자라다고 착각하여 생긴 결핍이다. 결국 그 결핍의 결말은 죽음이었다.

족하다는 말은 내가 걸은 만큼 받겠다는 말에서 나왔다. 내가 공부한 만큼, 내가 노력한 만큼 받겠다는 마음이다. 족함에서 벗어나지 않음이 분수를 지킨다는 사실을 안다. 자기에게 알맞은 한도가 있다는 사실을 안다. 공자가 제자들에게 이루고 싶은 꿈이 있다면 무엇을 하고 싶으냐고 물었다. 어떤 제자는 벼슬을, 어떤 제자는 용맹함을, 어떤 제자는 공부를 말했다. 마지막 증점이라는 제자는 봄날에 봄옷을 입고 기수 물가에서 목욕하고, 무우에서 바람 쐬고 노래를 읊으며 돌아오겠다고 했다. 이것이 만족이다.

《성경》디모데 전서 6장 6절에는 이런 말이 나온다. '만족할 줄 안다면 경건한 정성은 큰 이득이 됩니다. 우리는 이 세상에 아무것도 가지고 오지 않았으며, 아무것도 가지고 갈 수 없습니다. 그러므로 먹을 것과 입을 것이 있으면 우리는 그것으로 만족할 것입니다.' 공수래공수거(空手來空手去)다. 빈손으로 왔다가 빈손으로 간다. 그저 오늘 식사하여 내 육체를 유지할 수 있음에 감사하고, 옷을 입어 따뜻하게 살아갈 수 있음에 감사할 뿐이다.

결핍을 감사로 변환하는 작업이 필요하다. 불교에서 모든 것이 모든 것이 공허함이라 말하는 것도 어떤 일에도 집착할 것 없이, 내 것이라 할 것도 없이 살아가는 것이 삶이라는 말이다.

사회의 다양한 문제들은 결핍으로 일어난다. 사랑의 결핍, 물질의 결핍, 믿음의 결핍 등 많은 결핍이 존재한다. 결핍은 허증 때문에 일어난다. 마음이 비어 있어 채울 수 없다. 밑 빠진 독처럼 계속 채워 넣어도 채울 수가 없다. 어렸을 때부터 요구들이 만족되지 못했을 때, 요구하는 많은 일들이 거절당했을 때 허증으로 이어진다.

허증을 치유하기는 쉽지 않다. 누군가 지속적으로 빠지는 속도보다 더 빠르게 채워야 하는데 긴 시간과 노력이 필요한 일이다. 그럼에도 불구하고 누군가를 결핍 상태에서 벗어나게 만들려면 꾸준함이 필요하다. 절대 포기하지 않는 그런 끈기가 있어야 결핍이 채워진다.

누군가의 결핍을 쉽게 채울 수 있다고 착각하면 안 된다. 시도하는 것조차 서로를 위험에 빠뜨린다. 타인의 부족함을 온전히 이해하고 밑 빠진 독부터 막을 수 있을 때 시도해야 한다.

영리함

삶은 똑똑하게 살아야 한다. 어리석으면 판단력이 없고 부주의하게 행동하여 매사가 실수로 이어진다. 둔하면 민감하게 반응하지 못한다. 그런 사람들을 미련하다 말한다. 미련하게 살면 나도 힘들고 남도 힘들다. 우리 모두가 힘들어진다.

미련한 삶에서 벗어나 영리한 삶으로 스스로를 이끌어가야 한다. 아는 것 없이 태어나 배움의 과정을 거쳐 사람이 되어간다. 사람이 되는 과정에 반드시 필요한 것이 영리함이다.

영리하다는 것은 무엇인가. 영리하기 위해서는 눈치가 필요하다. 상대방의 마음을 상황에 맞게 해석해야 눈치가 있다는 소리를 듣는다. 짬뽕이 먹고 싶은 상사 앞에서 자연스럽게 짬뽕을 외칠 수 있는 눈치가 필요하다. 눈치 없는 사람들을 사회성이 없다고 말한다. 사회에 적응하기 위해서는 주변 상황을 잘 파악해야 한다. 주변이 어떻게 변화하는지 모르면서 대인관계나 업무를 시작하기 어렵다.

눈치란 내 눈으로 측정하는 값이라고 볼 수 있다. 치(値)라는 값을 측정할 수 있는 눈이 필요하다. 내가 보고 있는 물건, 상황, 조건에 대한 값을 매기고 그 값에 맞게 대응해야 한다. 값싼 물건을 비싸게 살 필요는 없지만 비싼 물건을 싸구려 취급해서도 안 된다. 값에 맞는 행동을 통해 상황을 내 쪽으로 잡아당길 때 눈치를 챘다고 말한다.

문제는 가치가 있는 것조차 가치가 없다고 판결을 내렸을 때이다. 나 자신이 어떤 물건의 쓸모를 얼마나 잘 판단할 수 있을까.《장자》의 〈소요유〉편에 나오는 박 이야기를 보면 가치에 대한 판단이 쉽지 않음을 알 수 있다.

하루는 혜자가 장자에게 말했다. '내게 가죽나무가 있는데 모양도 이상하고 나무도 굽어 제대로 쓸 수가 없네.' 이에 장자는 '생각이 편협하면 제대로 보이지 않네. 조용한 마을에 심어 그 밑에서 쉴 수 있다면 어찌 쓸모가 없다고 말하겠는가. 그런 덕에 나무꾼에게 도끼로 베일 염려도 없고, 누구도 헤치지 않으니 어찌 쓸모가 없다고 말하겠는가.'

가치에 대한 판단은 짧은 식견에서 하기 어렵다. 식용 돼지로 길러진 돼지 중에 아주 작아 식용으로 쓸 수 없는 돼지가 태어났다. 그 돼지를 어여삐 여겨 주인이 애완동물로 키웠다. 식용으로는 쓸모가 없으나 그 덕에 삶이 이어진다. 영리하기 위해선 이러한 변하는 가치에 대한 종합적인 판단이 필요하다.

영리하려면 똑똑해야 한다. 똑똑하다는 것은 머리가 좋거나 지식이 많음을 의미하지 않는다. 똑똑하려면 첫 번째, 또렷하고 분명해야 한다. 또렷하려면 여러 가지가 뒤섞여 엉클어지지 않고 틀림없이 확실해야 한다. 정리가 안 되는 사람은 똑똑하기 어렵다. 책상이 어지럽고, 집이 어지럽고, 생각이 어지럽다. 혼란 속에서, 쓰레기장 속에서 분명함은 나오지 못한다. 내가 헷갈리는 상태에서 어떻게 확신이 생기고, 확실하게 말할까.

두 번째, 일의 이치를 잘 알고 총명해야 한다. 일이 어떻게 진행되는지 전체적으로 파악해야 한다. 내게 주어진 일을 끝까지 해내고 결과물을 만들어 내는 것, 그것이 일의 이치다. 건강은 나쁜 음식 안 먹고, 규칙적으로 생활하고, 행복한 마음을 먹어야 한다. 그것이 이치다. 이처럼 올바른 길을 이치라 말한다.

배움을 통해 올바름을 얻었다면 이를 잊지 말아야 한다. 총명함이란 보고 들은 것을 오래 기억하는 힘이다. 오늘 배운 내용을 내일 잊어버리면 아무 소용이 없다. 외우지 못한 지식은 활용되지 못한다. 노트 필기를 아무리 해도 내 머릿속에 입력되어 장기기억으로 연결되지 않으면 낙서와 같다. 총명(聰明)의 총(聰)은 귀가 밝다는 뜻이고, 명(明)은 밤낮으로 밝은 빛을 말한다. 내 귀로 듣고 눈으로 본 모든 일들에 대해 잊지 말고 기억해야 한다. 과식하지 말라는 의사의 조언을 내일 잊으면 다시 병원에 가서 처방전을 받을 수밖에 없다.

외운다는 뜻의 송(誦)을 보면 더 알기 쉽다. 이 글자는 말(言)과 돌담길(甬)이 합쳐졌다. 돌담길은 양쪽에 돌로 담을 쌓은 길이다. 돌담길을 쌓으면 헤매지 않고 그 길을 따라 나아간다. 내가 하는 말이 헤매지 않고 길을 따라가도록 하는 과정이 암송이다. 과거 선조들이 '하늘 천 땅 지'하며 천자문을 외우는 이유가 있었다. 배운 것을 외우지 않을 수가 없다.

세 번째, 셈이 정확해야 한다. 셈은 중세국어에서 '혬'에서 비롯되었다. 헤아림, 생각을 뜻한다. 이익을 따져볼 수 있어야 하고, 어떤 일의 원인을 생각할 수 있어야 한다. 같은 음을 쓰는 영리(營利)는 이익을 뜻한다. 내 앞에 주어진 일은 항상 이익이 되도록 해야 한다. 나를 이롭게 하고, 빠르게 하고, 편하게 하고, 통하게 하고, 이기게 하고, 조화롭게 하는 일이 이로움이다.

이(利)라는 글자에 날카로움의 의미가 있는 것은 이익을 내게 가져오기 위한 도구이기 때문이다. 날카로운 낫으로 가을에 수확물을 거두어들인다. 날카롭지 않으면 수확하기 어렵다.

이익을 가져올 때는 유의해야 할 점이 있다. 바로 내가 경작한 수확물만 내 것이라는 마음이다. 내 밭에 있는 작물이 아닌 다른 사람의 밭에서 수확하면 안 된다. 이익을 생각하라고 해서 욕심을 부리라는 말은 아니다. 벼(禾)를 베어내는 칼(刂)로 수확하되, 내가 한 일만큼 받자. 이것이 셈이 정확한 일이다.

문을 두드릴 때 '똑똑'이라고 표현한다. '구하라, 그러면 너희에게 주실 것이요, 찾으라, 그러면 찾을 것이요, 문을 두드리라, 그러면 너희에게 열릴 것이니.' 마태복음 7장 7절에 나온 구절이다. 두드려야만 열린다. 똑똑해지려면 두드려야 하고, 두드림은 곧 질문이다.

질문하는 사람이 똑똑해지는 이유는 무엇일까. 질문이란 위화감에서 비롯된다. 무엇인가 조화되지 않은 어설픔이나 어색함에서 시작한다. 철수가 아끼는 인형이 있었는데 이를 버렸다. 왜 버렸을까? 무엇인가를 아낀다면 함부로 쓰지 않고 소중하게 다루어야 하는데 버린다는 말은 어색하다. 이 어색함에서 질문이 시작된다.

'앎은 구별, 즉 기존과는 다른 것 혹은 새로운 것을 알아차리는 데에서 출발한다. 질문은 그와 같은 구별을 시작하게 해준다.'[43]

너와 내가 다르다는 사실을 자각하면 무엇이 다른지 궁금해진다. 호기심이 생기면 이를 해결하기 위해 답을 찾는다. 그 과정에서 이어지는 질문으로 앎이 확장된다.

〈설국열차〉라는 영화에서 질문의 중요성을 배운다. 멸망한 세상에서 운행되는 기차의 마지막 칸에서 가장 힘들게 살아가는 사람들이 있다. 맛없는 양갱을 먹으며 노동하는 힘든 삶이 반복되지만 이로부터 벗어나는 순간이 있다. 지금 내 현실을 인식하고 '왜?'라는 질문이 나올 때 우리의 삶은 달라진다. 왜 내가 이곳에 있어야 하는가. 왜 현실에 안주해야 하는가. 왜 다른 세상으로 나아가면 안 되는가. 그런 질문을 통해 답을 찾아나간다. 매일 먹던 양갱이 바퀴벌레라는 사실을 깨닫기도 하며 결국 원하는 질문에 대한 답을 스스로 찾아간다. 'Why'를 갖는 이유는 간단하다. 내면의 부싯돌에 충격을 가하는 일이다. 불을 피우려면 부싯돌에 충격을 가해야 한다.

똑똑해지려면 흐릿하면 안 된다. 지금에 대해 인식을 놓쳐서는 안 된다. 내 위치, 내 삶, 상황, 환경에 대해 질문하고 알아갈 때 똑똑함의 씨앗이 생각에서 피어난다. 질문을 놓치지 말고 똑똑해져 영리한 삶을 살아가자.

배짱은 불확실한 순간에도 흔들리지 않는 용기이다. 관찰을 통해 주변을 깊이 이해하면 외유내강의 힘이 발휘된다.

의외의 상황에서 창문처럼 열린 마음으로 세상을 바라볼 때, 새로운 가능성이 보인다. 그 순간의 직감과 판단은 때로 모방을 넘어 창조로 이어진다.

그러나 부정적인 마음에 빠지면 성장의 기회를 놓칠 수 있으니, 긍정과 배짱으로 어려움을 마주하는 태도가 중요하다.

8장.

태도와 가치

배짱
관찰
외유내강
의외
창문
순간
모방
부정

배짱

배포, 뱃심, 배짱이라는 단어에서 보듯이 담력은 배에 달려 있다. 담대(膽大)하다의 담은 쓸개를 뜻한다. 쓸개가 크면 배짱이 생긴다. 쓸개는 간에서 나오는 쓸개즙을 저장하고 지방을 녹인다. 우리의 소화가 잘되도록 만드는 역할이다. 간을 도와주고 소화를 촉진한다. 간은 해독역할을 하고, 쓸개는 이를 지원한다. 즉, 해독을 잘한다는 의미로 볼 수 있다.

배짱이 있는 사람은 어떤 일이든 굽히지 않고 버텨낸다. 주어진 문제를 모두 해독하고 해석하며 해결하기 때문이다. 백설 공주를 찾아온 마녀가 독이 든 사과를 건네도 배짱 있게 받아들여 해독해 낸다. 술을 많이 먹어도 간이 해독해 준다. 물론 이를 믿고 병이 나도록 먹기도 하지만 말이다.

배짱이 있으려면 소신이 필요하다. 배짱 있는 사람들을 보면 체면보다는 자신의 마음에 드는 일을 찾고, 한번 결단하면 뒤돌아보지 않고 달려가는 결단력과 추진력이 있다. 소신을 가졌기에 흔들리지 않고 '안 돼'라고 말한다. '이런들 어떠하리 저런들 어떠하리'라며 설득하던 이에게 '내 삶이 끝나더라도 임 향한 일편단심 가시겠는가.'로 답하는 배짱이 있다.

> '해보는 거다. 비록 그게 실패로 끝난다 해도 내 길은 내가 걸었다는 자부심만은 남을 것이다. 내가 선택한 인생을 내가 살았으니 비록 바닥에 떨어져도 나란 존재가 죽진 않을 것이다.'[44]

이런 배짱 있는 태도가 필요하다. 배짱이 있으면 담담하게 받아들인다. 내가 잘못했으면 잘못을 받아들이고 질책을 수용한다. 당당함을 넘어선 뻔뻔함으로 세상을 대해도 괜찮다. 내가 싫은 건 싫은 거고, 내가 좋은 게 진짜 좋은 것이다. 유행 따라, 세상 따라, 사람 따라 움직이지 않는다.

'만약 패배하거든 계획에 오류가 있다는 신호로 알고 계획을 다시 세워라. 그리고 갈망하던 목표를 향해 또다시 배를 띄워라.' 나폴레온 힐이 한 말처럼 실패하더라도 다시 일어나 항해하면 된다.

베짱이는 무슨 배짱으로 남들 일할 때 놀았을까. 연주가 좋았기에 했을 뿐이다. 물론 베짱이는 겨울까지 살지 못해서 그럴 수도 있다. 현실에 집중하며 하고 싶은 일을 하고 산 낭만의 베짱이를 위해 박수를 보낸다. 짧은 생을 비관하지 않고 죽기 전까지 연주하는 삶이 얼마나 멋있는가.

담대한 사람은 감당력이 있다. 일을 할 때 보면 감당력이 있는 사람과 없는 사람이 확연하게 차이 난다. 어려운 일이 있어도 능히 견디어 내는 사람이 있는가 하면 작은 일에도 쉽게 무너지는 사람이 있다.

공장에서 제품을 찍어내기 위해 금형을 활용한다. 똑같은 제품을 찍어내기 위한 금속 틀을 말한다. 이 금형은 한 번에 찍어낼 수 있는 생산량이 정해져 있다. 원재료가 금형 안으로 들어와 형태가 만들어지고 금형이 열려 제품을 꺼내는 데 걸리는 시간이 있다. 한 개의 제품이 만들어지는 데 걸리는 시간이 3분이면 한 시간에 20개를 만들 수 있다. 이 금형의 생산량은 시간당 20개이다. 이 생산량을 'Capacity'라 부르고, 줄여서 'Capa(케파)'라고 말한다.

사람도 마찬가지다. 누구나 가진 케파가 다르다. 케파도 능력이다. 수용할 수 있는 능력이 모두가 다르다. 어떤 사람은 같은 책이라도 한 시간에 한 권을 읽을 수 있고, 또 다른 사람은 한 달에 한 권만 읽을 수 있다.

감당력을 높이려면 어떻게 해야 할까. 우선 그 일을 즐겨야 한다. 내가 하는 일을 즐기지 않으면 감당력이 생기지 않는다. 좋아하지도 않은 일을 어떻게 하겠는가. 둘째, 책임감이 있어야 한다. 책임감이 있는 사람은 그 일을 견디어낸다. 가장이 회사 일이 힘들어도 그만두지 못하는 이유는 가정이 있기 때문이다. 셋째, 기준을 높여야 한다. 3km 달리기를 할 때 쉬워지려면 5km 달리기를 하면 된다. 내가 가진 기준이 높이지 않으면 평생 3km가 힘들다. 딱 한 번 5km를 뛰어보면, 내 한계를 늘리면 몸이 변화에 적응한다.

한계를 늘리려면 지금 내 최선에서 하나 더 해야 한다. 헬스장에서 진정한 한계를 늘리기 위해서는 온 힘을 다해 마지막 한 개까지 해내는 경험이 반드시 필요하다. 그 한 개의 반복이 근육과 정신에 '지금이 한계가 아니다, 더 성장할 수 있다'는 신호를 보내기 때문이다. 따라서 힘들어도 포기하지 않고 한계를 넘어서려는 노력이 점진적인 발전과 변화를 만들어 낸다.

배짱 있는 삶은 의지하지도, 혼자 끙끙 앓지도, 비관하지도 않는다. 그저 담담하게, 당당하게 살아간다. 삶이 담백하다. 싱겁지만 깨끗하여 뒤끝이 없다. 그런 삶이 멋있는 삶이다.

관찰

 어린아이에게는 호기심이 많다. 어렸을 때는 세상의 모든 것들에 관심이 많았다. 지나가는 자동차, 날아다니는 나비, 심지어 쓰레기 봉지 주변을 날아다니는 파리까지 관심 있게 쳐다본다. 처음 마주하는 것에 대해 스스럼없이 '왜?'라는 물음을 던진다. 모르는 상태로 두지 않고 알고자 노력한다. 억지로 하지 않고 재밌으니까 묻는다. 3살 아이에게 세상이란 호기심 천국이다.
 그런 호기심이 나이가 들며 점점 사라진다. 3살 버릇을 여든까지 이어가지 못한다. 모르는 것을 알고 싶은 마음이 없어지고, 아는 것만 알고자 한다. 이를 다른 말로 세상에 관심이 없어진다고 말한다. 길가에 돌아다니던 전단지를 주워 카드게임을 하던 순수함에서 하늘에서 떨어지는 눈이 쓰레기처럼 보이는 삶이 된다. 나와 관계없는 것이라는 생각이 호기심을 억누른다. 이 바쁜 삶에 쓸데없는 것을 하나 더 얹고 싶지 않기에 새로움이 아닌 보통을 추구한다. 그에 맞춰 우리의 관찰력 또한 사라진다.

사라진 관찰력으로 인해 세상의 수많은 연관성이 끊어진다. 나와 관련된 많은 일, 상황, 사건, 인연이 이어지지 못한다. 어쩌면 조기에 발견했을 나쁜 일도 어느새 코앞으로 다가와 나를 위협할 수 있다. 안 좋은 일이 발생할 수 있었던 연관성을 찾지 못하고, 좋은 일로 이어질 연관성 또한 찾지 못하기에 위험을 마주하고 만다.

이런 위험에서 벗어나기 위해 관찰력을 길러야 한다. 관찰력을 기르기 위해 먼저 호기심을 되찾아야 한다. 호기심은 혹시나 하는 마음에 생긴다. 우연히 발견한 사실에 호기심이 생길 수 있다. 지금까지는 지나왔지만 불현듯 새롭게 느껴지기도 한다. 그때를 놓치지 말고 잘 포착해야 한다.

사진을 찍는 것도 관찰력을 향상시키는 데 도움이 된다. 사진이란 포착이다. 순간을 기록하여 내 관점에 맞게 구조화한다. 순간을 관찰하지 못하지만 나중에 다시 돌려봤을 때 놓쳤던 순간을 다시 되짚어 볼 수 있다. 한 번은 황새를 찍으러 간 적이 있다. 황새가 날개를 길게 펴 날아가는 한순간을 찍으려고 하루 종일 추위와 싸우며 기다렸다. 황새가 움직이는 모습, 걸어가는 모습, 먹이를 잡는 모습 등 많은 모습을 관찰하며 날기만을 기다린다. 그 중 단 한 순간, 날개를 펼치려는 모습을 포착하면 즉각 카메라를 들고 셔터를 누른다. 가만히 아무 생각 없다가는 순간을 놓치고 만다.

순간을 놓친다는 것은 평생을 놓친다는 말과 같다. 찰나가 모여 영원이 된다. 찰나를 관찰해야 한다. 찰나를 관찰하면 현재 이 순간을 살게 된다.

 관심이란 관계되어 있는 마음이다. 나와 관계된 일은 마음이 끌린다. 마음이 끌려 주의를 기울이다 보면 점점 더 알고 싶어진다. 짝사랑하는 사람이 있으면 상대가 눈치채지 못하게 힐끗힐끗 쳐다보며 무엇을 하는지 관찰하기 시작한다. 좋아하는 사람에게 관심이 생기면 상대가 좋아하거나 싫어하는 점은 무엇인지 궁금하기 마련이다. 궁금할 때 집중하고, 집중하면 관찰한다.
 일반적으로 쳐다보는 모습은 'Watch'이지만 우리가 해야 하는 관찰은 'Observe'이다. 관찰하고 논평한다. 그 일이 옳고 그른지를 분석해서 나만의 가치를 만들어 내야 한다. 유명한 컴퓨터게임인 스타크래프트에는 '옵서버'라는 유닛이 있다. 이 유닛은 숨어 있는 상대의 유닛을 관측하여 드러나게 만든다. 숨은 그림을 찾듯 보이지 않은 것을 찾아내야 한다. 세상의 숨어 있는 요소를 관찰을 통해 드러나게 만들어야 한다. 상대가 숨기고 있는 요소까지 모두 찾아내고자 하는 것이 관찰의 목적이다.

 제대로 관찰하려면 주의해서 자세히 살펴야 한다. 관찰의 핵심은 주의력이다. 주의력이란 오직 한 가지 일에만 마음을 집중하는 힘이다. 지금 내 앞에 사람이 있으면 그 사람이 세상에서 가장 중요한 사람으로 생각하며 마주한다. 지금 일을 한다면 이 세상에 이 일 말고 없는 것처럼 일한다. 지금 밥을 한다면 이 세상에 있는 최고의 요리사처럼 재료를 다듬고 요리한다. 내게 주어진 것에 집중하는 주의력이 있을 때 비로소 관찰이 시작된다.

어떤 곳에 집중하여 사소한 부분까지 분명하게 생각해야 한다. 보이지 않는 것을 보려면 아주 보잘것없는 것까지 살펴야 한다. 식당의 화장실을 가면 쓰레기통 상태가 어떤지를 보고 그 식당을 판단할 수 있다. 회사의 바닥의 청결상태에 따라 그 회사의 앞날을 예측할 수 있다. 이러한 모든 일들에는 사소한 것들이 연관되어 있다. 그런 관찰력을 가질 때 보이지 않는 것을 찾아내 위험을 예방하고 원하는 바를 찾아낼 수 있다.

외유내강

　인생을 살아가며 얻은 지혜를 한 단어로 요약해 보자면 외유내강(外柔內剛)이다. 겉은 부드럽지만 속은 굳세고 강해야 한다. 걸어가는 나그네의 옷을 벗길 수 있는 건 따뜻한 햇볕이지 차가운 바람이 아니다. 태도는 부드러우나 신념은 강직해야 한다.

　부드러움이란 뻣뻣하지 않고 가루처럼 잘고 따뜻함을 의미한다. 한자가 재미있는데, 유(柔)라는 부드러움은 나무(木) 위에 창(矛)이 있는 모양이다. 부드러움에 왜 창이 있는지 의문이 들 수도 있는데, 이는 새순을 떠올려보면 이해된다. 나무의 단단함을 창처럼 꿰뚫고 새순이 돋아난다. 부드러움 그 자체가 단단함을 품고 있다.

　속이 강하다는 건 물리적으로 힘이 세서 무거운 물건을 들 수 있는 강함이 아니다. 실속이 있고 튼튼해서 외부의 압력을 받아도 쉽게 변하지 않는 강함이다. 주변의 어떠한 억압이나 말이 있더라도 흔들리지 않고 굳세게 내 할 일을 하는 힘이다. 사공이 많으면 산으로 가지만, 내면이 강한 사람의 배는 절대 목표를 잃어버리지 않고 목적지를 향해 나아간다.

어머니가 가끔 바깥양반이라는 말로 아버지를 부르신다. 바깥을 책임지는 사람이 아버지이다. 바깥을 책임지는 아버지이기에 부드러워야 한다. 반대로 안에 있는 어머니는 안주인이라 말한다. 안에 있는 주인은 그 어떤 흔들림에도 굴하지 않고 집을 지켜야 한다. 집의 주인은 어머니다. 아버지가 부드럽고 어머니가 강건할 때 가정에 평화가 찾아온다.

집을 나서면 부드러워져야 한다. 내 겉모습은 늘 유연해야 한다. 남을 대할 때는 따뜻해야 한다. 밖으로 향하는, 타인을 향하는 태도에 '외유(外柔)'라는 유연함이 필요하다. 'Manner Makes Man'이라는 매너가 사람을 만든다는 〈킹스맨〉 영화의 명대사처럼 우리에겐 매너가 필요하다. 예의를 지켜야 할 때 중요한 건 유연함이다. 먼저 말하는 것이 예의가 아닐 때도 있지만 반대로 먼저 말해야 예의일 때도 있다. 행동이 정해져 있지 않고 상황마다 달라지는 것이 예의다. 이러한 매너를 유연하게 지킬 필요가 있다.

강함이 뿌리내리려면 굳셈이 필요하다. 힘차게 나아가며 어딘가에 치우치지 않아 위태롭지 않다. 정도를 걸어가기에 삿된 길로 빠지지 않는다. 결정하는 것 또한 강함이다. 결정하지 못하고 부드럽기만 한 것을 우유부단하다 말한다. 인정은 넉넉하나 망설이기만 하고 결단하지 못한다. 나무를 뚫고 나올 창이 없기에 꽃을 피우지 못하는 나무밖에 안 된다. 부드러움 속에 강함이라 하였지, 오직 부드러움이라 하지 않았다.

영어로는 'An iron hand in a velvet glove'이다. 직역하면 부드러운 비단 장갑 속에 든 강철 주먹이다. 비단 장갑의 탈을 쓴 강철주먹이 필요하다. 아무도 비단 장갑 속에 강철주먹이 숨어 있는지 모른다. 엔비디아의 CEO인 젠슨 황은 부드러운 성격을 가졌다. 늘 직원들과 친근하게 대하고 자신을 향한 직언이 있을 때 모두 수용했다. 초기에 위기 상황이었을 때 말고는 인원감축조차 하지 않았던 CEO였다. 그런 젠슨 황이 단호하고 직접적으로 말하는 경우가 있다. 어떤 직원이 실패를 했다면 본인이 실패를 했다는 정직함과 솔직함을 드러내야 한다. 일어난 실패에 대해 우물쭈물하며 다른 사람의 탓으로 돌릴 때 젠슨 황은 단호하게 말한다. '지금 이 실패가 당신 때문에 일어났다면 당신이 지금 이 자리에서 내가 실패했다고 말하세요.' 부드러운 태도에 걸맞은 단호함이다.

겉이 강하고 속이 부드러우면 어떨까. 겉모습은 강해 보이지만 속은 연약하다. 강하기만 하면 부러진다. 태풍이 불면 풀들은 바닥에 납작 엎드릴 뿐이지만 꼿꼿한 나무는 바람을 맞다가 부러지고 뽑힌다. 강함만 내세울 때의 결말은 부러지거나 부서지거나 뽑힌다. 물처럼 유연해야 한다. 물처럼 자유자재해야 한다. 자유자재란 거침없이 자기 마음대로 할 수 있음이다. 물은 환경에 따라 쉽게 변한다. 물처럼 적응하는 생물은 없다. 추우면 얼고, 더우면 녹는다. 어떤 틀에도 몸을 바꿔 스스로를 틀에 맞춘다. 언제든 흐를 준비를 하고 있다. 어떤 물이든 받아들이고, 어떤 곳으로든 흐른다.

　사람 몸은 70%가 물로 이루어져 있다. 언제든지 물의 특성처럼 변할 수 있다. 충분히 부드러워질 수 있다. 모난 돌이 정 맞는다. 모난 돌은 툭 튀어나와 있는 나의 강함이다. 강함을 내면에 숨기고 유연함으로 대처해야 한다.

의외

　예상치 못한 사건이나 결과가 나타날 때 의외성을 경험한다. 우리는 일상에서 무언가를 예측하고 그에 따라 행동하지만, 그 예상을 벗어나는 일이 발생하는 순간 당황한다. 내가 예상하고 계획했던 길에서 갑자기 호수가 나온 것과 같다.
　길을 가다 친한 사람을 의외의 장소에서 보기도 하고, 내가 생각했던 것과는 다르게 일이 흘러가기도 한다. 살다 보면 의외의 일들이 종종 일어난다. 의외(意外)란 전혀 생각하거나 예상하지 못한 일이다. 내가 헤아리거나 판단하지 못했고, 기억하지 못했고, 관심 갖고 미리 상상하지 않았다. 내가 의견을 갖지도 않았고, 정성을 기울이지도 않았다. 전혀 관심 밖의 일이다.
　사람들은 일반적으로 예측 가능한 세상을 좋아한다. 평평한 유리에 빛을 비추면, 비춘 각도와 동일한 각도로 반사되어 다른 방향으로 나아간다. 입사각과 반사각이 바로 그것이다. 평평한 유리는 빛이 어디로 향할지 예측할 수 있다. 문제는 울퉁불퉁한 유리에 빛을 비출 때 발생한다. 그 경우에는 전혀 예측이 불가능하기 때문에, 빛이 어디로 향할지 끝까지 추적해야 한다.

인생은 예측적인 일이 하나도 없다. 예상하지 못한 일이 혼란을 불러일으킬 때가 많다. 일을 하면서 계획했던 일을 모두 완성했던 때는 드물다. 갑자기 새치기하여 들어오는 일들이 많다. 위기 상황에서의 의외성은 불안감을 극도로 증대시킨다.

의외라는 말 자체가 내가 가진 뜻(意) 밖에(外) 있다는 뜻이다. 내 마음이 가지 않은 곳에서 일어나는 일이다. 나 혼자만 살면 의외성은 쉽게 발견되지 않는다. 함께 살아가기에 의외성이 나타난다. 의외성을 마주하는 태도는 간단하다. 내 마음이 가지 않은 곳이 있음을 깨닫고 마음을 한번 주면 된다. 의외성이 주는 교훈을 통해 새로운 지식을 얻고, 자신에 대한 이해와 더불어 세상을 이해하는 발판으로 삼으면 된다. 이 세상에 얼마나 내 뜻과 반대되는 일들이 많은가. 내 마음을 확장할 기회로 여기면 된다.

예상하지 못한 좋은 일이 생길 수도 있다. 예술이나 창의는 의외성에서 발생한다. 동료의 뜬금없는 도움이 막혔던 일의 돌파구가 될 수 있다. 뜻밖의 일을 자주 마주하는 만큼 내 생각의 폭이 넓어진다. 뜻밖의 일을 만나면 앞으로 생각해야 할 범주가 넓어져야 함을 인식한다. 하나 더 생각할 기회라 여길 때 뜻밖의 일이 기회가 된다.

내가 당구를 좋아하는 이유는 친 그대로 공이 나아가기 때문이다.

당구공은 거짓말을 하지 않는다. 물론 당구에도 의외성이 존재한다. 내가 맞추고자 한 공이 아니라 공과 공의 우연한 만남으로 전혀 다른 모습이 전개된다. 당구용어로 키스가 난다고 표현한다. 키스가 나면 상대방에게 사과를 하는데, 당구 자체가 예의를 갖춘 스포츠이다 보니 내가 예상한 것과 다르게 흘러갔기에 미안함을 표시한다.

당구고수들은 키스조차 계산할 수 있는 실력이 있기에 시합에서는 드물게 일어난다. 인생도 마찬가지다. 의외성은 내가 예상하지 못한 일을 의미하는데, 깊고 넓은 생각을 하며 사는 사람들은 예상하는 수를 이미 확장해 놓았기 때문에 돌발 상황이 주어지더라도 유연하게 대처한다.

뜬금이란 일정하지 않고 시세에 따라 달라지는 값이다. 쌀 가격이 일정하게 정해져 있지 않기에 시세에 따라 날마다 값이 다르게 결정된다. 이 거래의 기준이 되는 가격이 뜬금이다. 뜬금이 없으면 거래 자체가 성립되지 않는다. 그래서 뜬금없게 살면 안 된다. 항상 기준을 갖고 살아야 한다.

세상이 매기는 값이 매일 다르다는 점을 인식해야 한다. 세상은 뜬금없이 내게 다가와 기회를 던지고 사라진다. 그 기회를 놓치지 말고 잘 잡아 좋은 값에 거래를 성사시켜야 한다.

창문

아침에 눈을 뜰 때 알람을 듣고 일어나는 일도 있지만 창문 사이로 비추는 햇빛으로 일어날 때가 있다. 알람이 울리기 전임에도 자연스럽게 눈이 떠진다.

창문이란 공기나 햇빛을 받을 수 있고, 밖을 내다볼 수 있도록 벽이나 지붕에 낸 문이다. 만약 집에 창문이 없으면 답답해서 살기 어려울 것이다. 옥탑방에서 지내던 시절이 있었는데, 햇빛이 잘 들어와 행복했던 기억이 있다. 창문은 숨 쉴 수 있는 맑은 공기를 준다. 맑은 공기를 느낄 수 있어야 뇌가 잘 기능한다. 산소를 공급하고, 스트레스를 감소시키며, 혈액 순환을 가능하게 한다. 창문이 없으면 불가능한 일이다.

창문을 통해 안전하게 밖을 볼 수 있다. 안전성이 결합된 관찰은 여유가 기반이 된다. 조급하지 않게 보기에 더 많은 것들을 관찰할 수 있다. 외부로부터의 안전이 보장되기에 편안함을 느낀다.

창(窓)이라는 글자를 펼쳐보면 구멍(穴)과 자기 자신(厶), 마음(心) 이 세 가지로 나누어진다. 창이란 구멍을 통해 나 자신의 마음을 발견하는, 외부 세계와 내면의 소통을 가능하게 한다. 창을 통해 외부의 빛을 받아들여 내 생각과 감정을 비추고, 받은 따뜻함으로 스스로를 돌본다.

창문이 열리면 외부와 연결되지만, 찬바람이 들어올 우려가 있기에 잘 열고 닫는 조정이 필요하다. 내가 열고 닫을 수 있는 창문이어야 한다. 타인이 내 창문을 함부로 열게 놓아두면 안 된다. 단순한 물리적인 구멍이 아니라 세상과의 소통 창구이다. 외부를 바라볼 수 있고, 동시에 나 자신을 되돌아볼 수 있게 도와주는 통로이다.

창문이 더러우면 내가 바라보는 바깥도 더럽게 보인다. 거울이 더러우면 내 모습도 더럽다. 창문을 깨끗하게 하는 작업이 필요하다. 구멍을 깨끗하게 하려면 맑음과 밝음이 필요하다.

맑음을 위해 깨끗하게 창문을 닦는다. 몸과 마음을 닦아야 한다. 더러운 것을 녹이고, 튀어나온 곳이 없도록 평평하게 만든다. 새로운 배움을 익히고 기초를 마련해야 한다. 몸을 청결하게 해야 하는 이유는 내 몸의 더러운 것들을 없애며 마음 또한 청결하게 만들기 때문이다. 몸이 건강해야 마음도 건강해진다.

밝음을 위해 창문을 자주 열어야 한다. 아무래도 창문을 통해 햇빛을 받는 것보다 활짝 열고 받아들이는 것이 환기도 되고 좋다. 기운을 전환하기 위해 분위기도 바꾸고, 공기도 바꿔야 한다.

창문이 늘 안정적이지는 않다. 태풍이 불 때는 창문을 강화해야 한다. 신문지와 테이프를 붙여 깨지지 않도록 방비해야 한다. 창문이 얇아도 문제가 있다. 더위나 추위를 온전하게 막아주지 못해서 차라리 없는 편이 나을 수도 있다.

마음의 창을 유지하는 것도 마찬가지다. 내 마음의 창이 얇고 약하면 외부의 바람에 쉽게 흔들리고 깨진다. 외부 태풍이 무서워 아예 창문을 없애면 빛을 받지 못하고 환기가 되지 않아 어두운 곳에서 밤낮의 구분이 없는 상태로 살게 된다.

심창(心窓)이 곧 마음의 창이다. 마음의 창을 두껍게 하기 위해선 내면을 강인하게 만들어야 한다. 스트레스를 관리하고, 감정조절을 배우며, 지식을 쌓고, 새로움을 경험하며 자신감과 강인함을 배운다. 태풍을 만드는 사람과 함께하지 않는 것도 좋은 방법이다.

그렇다고 심창(深窓)이 되어서는 안 된다. 창문이 깊이 있으면 바깥이 보이지 않는 고립된 공간밖에 되지 않는다. 우물 속에서 하늘을 바라보는 것처럼 갇힌 공간이 되기 때문에 깊숙한 곳에서 벗어나야 한다. 창을 통해 세상에 대한 관심을 갖는다. 내가 관심 갖는 것부터 시작이다.

순간

'그대를 처음 본 그 순간 난 움직일 수 없었지.' 가수 박진영이 부른 〈Honey〉의 첫 구절이다. 아주 짧은 그 시점. 순간 떠올랐다가 없어지는 아이디어처럼. 순간 스쳐 지나가는 아련한 얼굴처럼. 삶에 영향을 미치는 순간들이 불현듯 찾아온다.

순간을 다른 말로 찰나라고 한다. '찰나'는 불교에서 나온 용어인데, 산스크리트어인 '크샤나'를 음역했다. 0.013초 정도의 시간을 뜻한다. 눈 깜짝할 사이라는 말보다 더 빠른 시간이 순간이다. 눈을 깜짝이는 시간이 0.1초 정도 된다면 그보다 10배는 더 짧은 시간이다.

한 제자가 부처님께 생명은 어디에 달려 있는지 물었을 때의 대답은 호흡과 호흡 사이였다. 숨 한 번 쉰 다음 두 번째 호흡을 들이마실 수 있는지에 달려 있다. 순간의 호흡 사이, 이를 순식간(瞬息間)이라 말한다. 호흡조차 없는 눈 깜짝일 사이가 순간이다.

순간(瞬間)이라는 한자도 말 그대로 눈을 깜짝인다는 뜻의 순(瞬)에 사이를 뜻하는 간(間)이 합쳐졌다. 순(瞬)이라는 글자는 눈(目)과 무궁화(舜)가 합쳐졌는데 무궁화를 보는 눈이 순간이라는 뜻이다. 무궁이란 끝없는 시간, 영원을 말한다. 무한하게 펼쳐진 하늘은 끝없는 공간이고, 영원하게 이어지는 시간은 억만년 동안 이어진다. 'For'은 위한다는 뜻이고, 'Ever'는 항상을 말한다. 'For ever'는 항상을 위한다는 말이다. 언제나 변함없는 것을 위함이 영원이다.

영원을 보는 눈이 눈 깜짝일 시간이다. 우리가 눈 한 번 감는 시간은 영원과 맞닿아있다. 더 나아가 순간과 영원은 서로 이어져 있다.

찰나의 시간에 변하는 것은 없다. 다만 찰나가 모여 영원이 될 때 변화를 본다. 지금 이 순간에는 아무것도 변하는 것이 없는 것처럼 느낀다. 내가 인생을 잘 살아가고 있는지, 올바른 선택을 했는지 아무도 모른다. 눈 깜짝임보다 더 짧은 순간에 많은 것들이 이루어지기 때문이다. 순간의 생각, 판단, 결정들이 모여 내 삶의 전반을 이루어 낸다.

매 순간이 모여 시간의 흐름이 된다. 우리가 인식하는 순간은 찰나의 시간밖에 없다. 0.013초가 모여 1시간이 되고, 1달이 되고, 1년이 된다. 영원함을 보는 눈으로 순간을 살아낸다.

영원(永遠)의 영(永)은 물(水)에 점(丶)을 하나 찍었다. 흐르는 물에 점을 찍으면 그 점이 눈앞 계속 남아 있지는 않다. 한 번 손을 담은 물에 두 번 담을 수 없는 것처럼 멀어져간다. 내가 찍은 점은 남아 있지만 내게서 멀어진다. 영원이란 이어짐이 아니다. 멀어짐이다. 이어짐은 끊어짐이 없지만 멀어짐은 내가 볼 수 있는 수준에서 멀어진다. 각자가 살아간 만큼의 영원을 갖고 있다.

우리는 찰나의 시간을 잘 살아내야 한다. 영원히 변하지 않는 일은 없다. 불교에서 제행무상(諸行無常)을 핵심교리로 말한다. 모든 형성된 것들은 항상하지 않는다. 행복은 영원하지 않고, 고통도 영원하지 않다. 모든 존재는 변한다. 어떤 것도 내게 머물지 않고, 찰나마다 변한다. 내가 집착할 일도 없고, 슬퍼할 일도 없고, 기뻐할 일도 없다. 그저 순간순간 선택하고, 판단하고, 살아갈 뿐이다.

피할 수 없다면 즐기라는 말이 있다. 어떻게 즐길 수 있을까. 어차피 내게 닥쳐올 일이라면 순간의 선택을 할 자유는 내게 있지 않을까. 불행이 영원하지 않기 위해 순간을 행복하게 살아가야 한다.

동그라미를 떠올려 보자. 작은 점들이 모여 하나로 이을 때 원형이 만들어진다. 하나의 중심을 두고 같은 간격의 점들이 연결되면 동그라미가 된다. 순간이 모여 영원이 되는데, 그 속에는 기준점이 있어야 한다. 나를 중심으로 순간이 이어지면 원형이 되지만, 나라는 기준이 없다면 원형이 아닌 다각형이 되고 이어지지 않고 끊어지는 선이 되기도 한다.

좋은 순간들이 모여 원형이 되면 그 원형이 모여 원만함이 된다. 원만함이란 모난 데가 없이 부드럽고 너그러움이다. 까다롭지 않고 둥글둥글하여 편안하다. 둥근 모양이(圓), 온전함이, 매끄러움이, 완곡함이 가득 차야(滿) 한다.

인생이 원만하지 않고 늘 고통이고 갈등과 대립이 이어진다면 내 기준을 다시 한번 생각해 봐야 한다. 내 순간의 선택과 판단과 말과 행동이 뾰족함으로 발현되어 누군가를 상처 입히지는 않았는지 살펴보자.

나를 중심점에 두고 늘 한결같이 순간을 점찍을 때 원만해진다. 삶에 불화가 있다면 내 기준점을 잃었는지, 아니면 모난 구석이 없는지를 살펴볼 필요가 있다.

'죽는 것은 이미 정해진 일이기에 명랑하게 살아라. 언젠가는 끝날 것이기에 온 힘을 다해 맞서라. 시간은 한정되어 있기에 기회는 늘 지금이다. 울부짖는 일 따윈 오페라 가수에게나 맡겨라.'[45]

니체의 말에서 순간을 배운다. 순간이 모여 영원이 된다. 허나 삶은 영원히 이어지지 않는다. 그렇기에 순간을 명랑하게 살아가고, 한정된 시간에 기회를 찾아 선택해 갈 뿐이다. 불평할 시간에 그저 순간을 살아내자.

모방

 모방은 창조의 어머니다. 이 세상에 새로운 것은 없다. 기존에 있던 것들에 대한 재해석이 있을 뿐이다. 법고창신(法古創新)이라는 말처럼 옛것을 참고하여 새로움을 창조해 낸다. 고(古)라는 단어에는 옛날이라는 뜻이 있다. 이 글자를 풀어보면 완성을 뜻하는 십(十)과 말을 뜻하는 구(口)가 된다. 완성되어 끊임없이 내려온 말이 옛날이다. 우리가 부모님에게 들었던 이야기는 부모님의 부모님께 들었다. 거슬러 올라가면 옛 시간에 다다른다.
 공자도 같은 이야기를 했다. 온고이지신(溫故而知新)이다. 옛것을 익혀 그것을 미루어 새것을 안다. 사람이 죽으면 살아있을 때의 온도가 사라지고 차갑게 굳는다. 생명이 끊어지면 냉기가 깃든다. 죽어있는 옛것을 따뜻하게 만들어야 한다. 살아있으면 따뜻하다. 활력이 있고, 생기가 있고, 움직이기 때문이다. 과거의 유물을 현실에 적용해야 한다. 무언가를 익히려면 따뜻함이 필요하다. 불이 있어야 날것을 익힌다. 옛것을 익힌다는 것은 새롭게 배우고, 반복하여 체화하는 일이다. 과일을 숙성시키고, 생고기를 익혀 먹을 수 있게 만들어야 한다.

고전은 고리타분하다는 의견이 많다. 이를 현실에 적용시키지 않고 그 당시를 상황에 둔 이야기들이 많기 때문이다. 《논어》의 〈이인〉 편에는 이런 구절이 있다. '부모님께서 살아계시면 멀리 가서는 안 된다. 만약 멀리 가고자 한다면 반드시 방향이 있어야 한다.' 부모님 생전에 여행을 가지 말라는 말인가. 아니면 멀리 떠나서 독립을 하지 말라는 말인가.

이를 현실에 맞게 재해석하면 이렇다. '선생님이 걱정하시니까 학교 끝나면 집으로 가라. 집으로 안 가면 학원 간다고 말이라도 하고 가라.' 회사에서는 이렇다. '직장 상사가 있을 때 마음대로 출장 가지 마라. 어디로 간다고 보고하고 출장 가라.' 상사의 입장에서 직원이 마음대로 출장 간다고 말하면 기분이 좋지 않다. 이처럼 옛것을 현실에 적용하면 새로움을 알게 된다.

> '프루스트도 고유한 목소리를 찾을 때까지 자기를 베끼고 또 베끼면서 천재성을 갈고 닦았다. 뭔가를 외워서 달달 읊다보면 깨달음이 번득 일어날 때가 있다. 자기의 창조와 재창조는 언제나 모방한 형식과 새로운 형식 사이의 투쟁에서 나온다.'[46]

내가 모방한 것이 모여 연결될 때 창의가 시작된다. 무능한 작가는 모방하고 위대한 작가는 훔친다. 현대 미술계의 반항아라 불리는 뱅크시가 한 말이다. 뱅크시의 작품을 보면 대부분 무언가가 연상된다. 뱅크시는 모방을 비난하지 않고 복제와 확산을 통해 자유로운 창조로 여겼다. 'Copyright is for losers.' 저작권은 패자를 위한 것이라고 말한 뱅크시에게 모방 또한 예술이었다. 누구나 모방을 하지만 누구나 예술가가 될 수는 없다. 모방 또한 연결성과 의미가 부여될 때 예술이 된다.

옛것을 따라만 해서는 안 된다. 모방의 다음 단계로 나아가지 못하면 고루함만 남는다. 낡은 관념이나 습관에 젖어 새로움을 받아들이지 못한다. 모방은 겸손한 수용을 통해서 가능해진다. 상대의 장점만을 본받고 이를 연결하여 극대화시키면 더 나은 내가 된다. 고집만 세고 겸손하지 못하면 수용할 의지 자체가 없다. 모방이 창조의 어머니인 것은, 새로운 창조를 탄생시키기 위해 어머니처럼 모든 것을 받아들이고 포용하는 태도가 필요하기 때문이다.

모방이란 본뜨거나 본받는 일이다. 본(本)이라는 근본을, 뿌리를, 바탕을 내게 맞게 탁본을 뜨듯 떠내야 한다. 실을 뜨듯 한 땀 한 땀 바느질을 하여 내 방식으로 만들어야 한다.

중요한 점이 하나 있다. 바로 '본보기'를 잘 선택해야 한다는 것이다. 본보기란 본받을 만한 대상을 말한다. 그런데 잘못된 '본(本)'을 따르게 되면, 방향 역시 잘못될 수 있다. 본질은 선악을 가리지 않는다. 세상에는 가치 있는 것들만 존재하지 않는다. 오히려 무례하고, 악의적이며, 가치 없는 것들도 넘쳐난다. 무엇을 본받을지를 고민하는 것보다, 무엇을 본받지 말아야 할지를 아는 것이 더 중요할지도 모른다.

훌륭한 사람이 주변에 있다면 그 사람을 모방하면 된다. 그 사람의 장점을 모두 습득했다면 다른 사람을 모방하면 된다. 아무리 봐도 내 주위에 본받을 만한 대상이 없다면 책에 있는 위인을 내 근본으로 삼아 모방해야 한다. 이순신 장군을 보며 매일 일기를 쓰겠다는 사람도 있으며, 어떤 보직을 부여받든 상관없이 나라를 위해 헌신하겠다는 사람이 있다. 독서를 하며 책 속에 있는 많은 이들을 근본으로 살아가면 된다.

'본(本)이 어디입니까?'라는 질문을 종종 받는다. 여기서의 '본'은 본관(本貫)을 의미하며, 시조가 태어난 곳을 가리킨다. 이 질문은 단순히 김 씨라면 김해라는 대답을 듣기 위한 것이 아니다. 그것은 나의 뿌리를 묻는 것이고, 내 삶의 바탕이 무엇이었는지, 내가 누구를 본받아 살아왔는지, 어떤 삶을 본으로 삼았는지를 되묻는 질문이다. 다시 말해, 이는 내 인생 전체를 향한 질문이다. 당신은 어떤 본을 부여받았는가, 그리고 얼마나 훌륭하게 그 본을 따라 살아왔는가. 이 질문에 나는 무엇이라 답해야 할까.

인생은 선택의 연속이기에 모방하는 대상의 선택도 내 책임이다. 누구를 모방할지, 모방하고자 한다면 제대로 하고 있는지를 생각해 보자.

부정

　부정이란 어떠한 사실이나 상황에 대해 '그렇지 않다'고 단정하거나 '옳지 않다'고 반대하는 행위이다. 이는 확실한 근거나 충분한 검토 없이 단호하게 '절대 아니다'라고 판단하는 성향을 뜻한다. 실제로 판사도 심도 있는 심리와 긴 시간을 거쳐 판결을 내리는데, 개인이 쉽사리 어떤 일이나 상황을 단정 짓는 것은 섣부른 판단일 수밖에 없다. 그러므로 부정하는 태도에 앞서, 과연 어떤 근거를 바탕으로 그것이 틀렸다고 반대하는지를 냉정하게 돌아봐야 한다.

　부정적인 사람은 자신을 둘러싼 환경, 주어진 조건, 만나는 인연, 심지어 자기 자신까지도 부정하는 경향이 있다. '바랄만한 가치가 없다'는 생각이 근본에 자리 잡아, 어떤 일도 '이룰 만한 가치가 없다'고 판단하며 부정한다. 하지만 부정적인 사람이 되기를 스스로 원하지 않는다는 점을 기억해야 한다.

부정심을 자세히 들여다보면, 흔히 명확한 근거나 사실에 기반하지 않는 경우가 많다. 예를 들어, 자신이 선택한 일이 틀렸다고 단정 짓지만, 그 일이 앞으로 어떻게 될지 정확히 알 수는 없다. 따라서 부정심이 갑자기 떠오를 때마다 스스로에게 '왜 부정하는가.', '내가 가진 근거는 무엇인가.'라고 질문하며 자기 자신을 옹호하고 변호하는 자세가 필요하다. 그래야만 스스로를 지키고, 부정에 휘둘리지 않는 건강한 마음가짐을 가질 수 있다.

부정(否定)의 부(否)에는 막히다라는 뜻이 있다. 혈액순환이 막히면 피곤해진다. 어떤 경우든 원활하게 흐르지 못하면 어려워진다. 부정의 반대말은 긍정이 아니다. 인정이다. 인정하지 않기에 부정한다. 스스로를 인정하지 않는 사람은 스스로를 부정하는 사람이다.

인정(認定)이란 확실히 그렇다고 여기는 일이다. 내가 결정한 일, 내가 안정시킨 일을 정확히 인식한다. 내 결정이 틀리지 않았다는 믿음이 있기에 흔들리지 않는다. 인정이 잘되지 않는 이유는 무엇일까. 인내가 잘되지 않아서 그렇다. 잘 참지 못해서 인정하기 어렵다. 스스로이나 타인의 부족을 참지 못하면 부정하기 시작한다. 우리의 인정은 잘 참는 일에서 시작한다.

> '습관적으로 과거를 되돌아보며 곱씹다 보면 인생에서 동일한 결과를 복제하고 또 복제할 뿐이다. 부정적 생각에 매달려 그것을 반복하면 당신은 부정의 늪에 갇힌다.'[47]

새로움을 받아들일 수 없다고 생각하기에, 변화할 수 없다고 생각하기에, 스스로를 믿지 않기에 지금까지 경험했던 옛것들과 생각들에서 벗어나지 못한다. 부정의 습관은 뿌리가 깊다. 부정에서 벗어나는 길이 누가 봐도 합리적인 판단이지만 변화에 대응하는 선택지를 고르지 않고 기존 사고방식을 반복한다. 이 길에서 벗어나기 위해 해야 하는 말이 있다. '그럴 수도 있지.' 당연히 그럴 수도 있다는 인정이 부정의 늪을 벗어나는 동아줄이 된다.

무언가를 인정하기 위해서는 인정(人情)이 많아야 한다. 따뜻한 마음이 없는 사람은 잘 인정하지 못한다. 칼 같은 판관에게 인정받는 것보다 마음 따뜻한 이에게 인정받는 것이 쉽다. 스스로를 난도질하지 말아야 한다. 나를 대할 때도 인정 있게 바라봐야 한다. 인정의 온기가 부정의 살기를 잠재운다.

에필로그

이승우 작가의 말이 글을 쓰는 데 있어 늘 와닿는다. '새로 쓴 글로 전에 쓴 글을 만회하지 못한 사람이 할 수 있는 일은 다시 새로 쓰는 것이다.' 출간이란 나를 세상에 내놓는 일이다. 어디 내놓기 부끄러운 책을 꾸준히 내놓고 있음에 두렵지만 그조차 만회하기 위해 계속 쓴다.

내가 쓴 글은 내 한계를 적나라하게 보여준다. 내 부족이 온 세상에 펼쳐지는 두려움을 뒤로한 채 앞만 보고 달리는 특기를 적극 활용하여 다시 시도한다. 내 한계를 인식하고 조금 더 넓혀졌기를 희망한다. 말이 어려워 글을 썼고, 글을 쓰기 어려워 책을 읽었고, 읽기 어려워 이야기를 들었다. 조금씩 들으며 읽었고, 조금씩 읽으며 썼다. 여전히 말이 어려워 글로 대신 전한다. 말이 헛되지 않고자 하고, 글이 헛되지 않고자 하는 바람만 있을 뿐이다.

각자가 가진 초점을 어디에 맞추는가에 따라 관점이 달라진다. 개인의 관점에 따라 인생을 바라보는 시각과 안목이 달라진다. 컵에 물이 반밖에 안 남았다고 여기는 사람과 컵에 물이 반이나 남았다고 여기는 사람은 관점이 다르다고 봐야 한다. 사소한 일조차 다른 관점으로 인해 결과는 천지 차이로 벌어진다.

하나의 점을 쳐다보면 그에 대한 생각이 시작된다. 내가 관찰한 점이 모여 관점이 되고, 내가 관찰한 점에 대한 생각이 보여 관념이 된다. 관념이 오랫동안 반복되어 굳어지고, 굳어진 관념을 고정관념이라 부른다. 고정관념으로 인해 받아들여지는 모든 언어가 고정적으로 해석된다. 어떤 말을 들어도 내가 가진 고정관념에 의해 변한다. 한쪽으로 치우친 견해로 내가 가진 관점이 삐뚤어진다. 내 시각, 생각, 관점, 고민, 생성 같은 모든 것들이 기울어진다. 이런 기울어진 사고에서 벗어나 똑바른 사고를 위해 변해야 한다.

고정관념을 바꾸는 일은 쉽지 않다. 삶의 모든 시간들에 의해 쌓여진 관념의 층을 깎아내는 과정이 쉬울 리가 없다. 다만, 우리가 굳어지지 않고 늘 새로운 변화를 받아들이고 세상에 적응하려면 관념을 바로잡아야 한다. 관념을 바꾸기 위해 가장 먼저 해야 할 일이 단어공부다. 사용하는 단어 하나에 어떤 의미가 있는지 제대로 알지 않으면 콜라병을 망치로 쓰게 되고, 스마트폰을 거울로 쓰는 것과 같다.

시간이 들지만 단어 하나하나에 힘써야 하는 이유는 간단하다. 세상을 바로 보기 위해서이다. 인생의 기나긴 여정을 한쪽이 기울어진 상태로 보낸다는 것은 책을 거꾸로 읽으면서 잘 읽고 있다는 말과 같다. 한 부분이라도 바로잡으면 다른 부분에 오해가 있다는 점을 발견하고, 하나씩 발견하다 보면 전체를 다듬어갈 수 있다.

시간이 오래 걸리는 작업이다. 그럼에도 불구하고 세상을 바라보는 관점을 다듬어야 한다는 점은 인식해야 한다. 단어에 가진 관념이 변하면 단어로 연결되는 생각이 바뀐다. 생각이 바뀌면 관점에 영향을 준다. 단어 하나로 세상이 변한다. 점 하나의 연결이 제대로 이루어졌을 때 비로소 남들과의 소통도 잘 이루어진다. 내가 생각하는 사랑과 상대가 생각하는 사랑이 다를 때만큼 사랑이 비참한 것이 없다. 내가 정의 내린 사랑이 무엇인가. 이것을 내게도 묻고 상대에게도 물어야 한다.

'복잡한 감정을 정확하게 전달하기 위해, 상대방을 배려하는 정중함을 갖추기 위해, 그리하여 불필요한 오해를 줄이고 더 나은 소통을 이루기 위해, 우리는 더 많은 어휘를 익히고 활용하는 데 노력을 기울여야 마땅합니다.'[48]

정의 내림을 멈추지 말자. 나는 누구인가. 사랑은 무엇인가. 인생은 무엇인가. 관계는 무엇인가. '그거'라는 대명사가 아니라 사람을 둥글게 만드는 것은 사랑이라는 명사로 바꾸는 작업을 시도해 보자.

감사의 말

어렸을 때, 물론 지금도 그렇지만 집을 아름답게 꾸미는 사람을 보면 감탄이 난다. 어떻게 하면 저렇게 깔끔하고 있어 보이게 꾸밀 수 있을까. 나는 조그만 방을 꾸미는 것조차 어려운데. 다른 작가들의 책을 보면서도 비슷한 생각이 든다. 어떻게 글을 저렇게 아름답고 세련되게 쓸까. 내가 쓴 글은 투박하고 거칠고 촌스러운데. 이런 생각이 들다가도 도전이라는 미명하에 저 멀리 날려 보낸다.

다르다는 말은 같지 않다는 말이다. 별다르다는 말은 각자가 가진 별이 다르다는 말이지 않을까. 특별하게 가진 빛이 각자 다르고 운행하고 있는 궤도 또한 다르다. 주변에 밝게 빛나는 별들이 있다고 내 별이 빛나지 않은 것은 아니다. 다 함께 빛나며 더불어 살아갈 때 은하수가 되어 아름답게 우주를 빛낸다. 너는 너고 나는 나다. 저 집은 저 집이고 내 집은 내 집이다. 저 책은 저 책이고 내 책은 내 책이다. 그저 그뿐이라는 사실을 서른이 넘어 깨닫는다.

끝없는 궤도를 따라가다 보면 소행성도 만나고 다른 별과의 충돌이 있을 수 있다. 같은 궤도를 함께 가는 별도 있다. 이런저런 일들이 일어날 수밖에 없다. 그런 것이 인생이고 삶이다. 어떤 일이든 일어날 수 있다는 마음이 별에게 없다면 충돌을 견딜 수 없다. 두 개의 은하가 충돌하면 새로운 별이 생성된다. 창조는 충돌에서 시작한다. 부딪치다 보면 방법이 나오고 방도가 찾아진다.

중심축을 기준으로 각자의 궤도를 따라 공전하고 스스로도 자전한다. 공전을 멈출 수 없고 자전이 멈출 수도 없다. 힘들다고 돌지 않을 수 있을까. 돌고 도는 인생 속에서 이리저리 왔다 갔다 하고 방향도 바꾸고 여러 곳을 거치며 지나갈 뿐이다. 그렇게 원을 그리며 돈다. 각자가 가진 원의 궤적을 닮아가려고 원만하게 살아간다. 그런 원만함의 결과물이다.

'천일야화도 세헤라자데가 사실 이야기꾼이라서 살아남은 게 아니라 살아남으려다 보니까 이야기를 해서 천 하루가 지난 것이라고 생각합니다. 모든 얘기는 옛날 옛적 누군가 태어났고 누가 죽었습니다로 끝납니다. 그런 걸 보면 누구나 다 자기가 주인공인 이야기를 쓸 수 있는데요. 누구에게 보여주기 위해서가 아니라 내가 보기 위해서, 내가 읽기 위해서 내 이야기를 쓰는 것도 굉장한 도움이 된다고 생각합니다.'[49]

내가 보고 싶은 책을 썼고, 네가 보면 좋겠어서 내놓는다. 내가 지금까지 한 모든 말이 맞지 않을 수 있다. 나만의 해답지를 찾아놓았을 뿐이다. 인생에 수많은 의미가 있고, 그 의미를 찾으려고 애쓰고 있다. 부디 내가 만든 해답지를 엿보며 스스로의 답을 찾기를 희망할 뿐이다.

항상 저에게 삶의 롤모델이 되어주시는 이호 삼촌께 감사드립니다. 따뜻함으로 길을 가르쳐주시는 이수현 선생님, 늘 모범적으로 선을 베푸시고 사업을 번창시키시는 권지현 회장님께도 깊은 감명을 받도록 해주심에 감사드립니다. 박사의 길을 멋있게 걸어가는 동생 현정에게도 늘 존경의 박수를 보내며, 함께 걸어감에 감사합니다. 부족한 저를 함께 조직의 동료로 받아주고 가르쳐 주시는 직장 모든 분들께도 고맙다는 감사의 인사를 드립니다.

참고문헌

《이것이 경영이다》, 조셉 램펠, 한빛비즈, 2019
《하이 아웃풋 매니지먼트》, 앤드루 S.그로브, 청림출판, 2018
《하드씽》, 벤 호로위츠, 한국경제신문사, 2021
《수평 조직의 구조》, 김성남, 스리체어스, 2020
《가설이 무기가 된다》, 우치다 카즈나리, 한빛비즈, 2020
《더 골2》, 엘리 골드렛, 동양북스, 2019
《사업의 철학》, 마이클 거버, 라이팅하우스, 2015
《하버드 100년 전통 자산관리 수업》, 무천강, 리드리드출판, 2023
《진정성 리더십》, 빌 조지, 21세기북스, 2018
《한국인의 마음속엔 우리가 있다》, 김태형, 온더페이지, 2023
《가짜 사랑 권하는 사회》, 김태형, 갈매나무, 2023
《배정원의 사랑학 수업》, 배정원, 행성B, 2023
《하버드 사랑학 수업》, 마리 루티, 웅진지식하우스, 2020
《삶이 괴로울 땐 공부를 시작하는 것이 좋다》, 박치욱, 웨일북, 2023
《가장 사적인 관계를 위한 다정한 철학책》, 이충녕, 클레이하우스, 2023
《베테랑의 공부》, 임종령, 콘택트, 2023
《책 잘 읽는 방법》, 김봉진, 북스톤, 2018
《정욕》, 아사이 료, 리드비, 2024
《브라이언 트레이시의 행운의 법칙》, 브라이언 트레이시, 김영사, 2024
《사람을 안다는 것》, 데이비드 브룩스, 웅진지식하우스, 2024
《너 이런 심리법칙 알아?》, 이동귀, 21세기북스, 2016
《사랑인 줄 알았는데 부정맥》, 사단법인 전국유료실버타운협회, 포레스트북스, 2024
《긍정의 힘 : 두 번째 이야기》, 조엘 오스틴, 글로세움, 2015
《진짜 부자들의 돈 쓰는 법》, 사토 도미오, 한국경제신문i, 2021
《퍼스널 MBA》, 조시 카우프만, 진성북스, 2024
《진짜 공신이 되는 기적의 공부법》, 김범수, 더디퍼런스, 2015
《파워》, 제프리 페퍼, 시크릿하우스, 2020
《권력을 경영하는 7가지 원칙》, 제프리 페퍼, 비즈니스북스, 2023

《리더의 일》, 박찬구, 인플루엔셜, 2023
《김경필의 오늘은 짠테크 내일은 플렉스》, 김경필, 김영사, 2022
《탁월한 인생을 만드는 법》, 마이클 하얏트, 안드로메디안, 2019
《폐와 호흡》, 마이클 J.스티븐, 사람의집, 2024
《질병 해방》, 피터 아티아, 빌 기퍼트, 부키, 2024
《호흡력이야말로 인생 최강의 무기이다》, 오누키 타카시, 청홍, 2020
《세스 매트리얼》, 제인 로버츠, 터닝페이지, 2024
《멘탈 리셋》, 복성, 넥스웍, 2021
《내 인생에 마음챙김이 필요한 순간》, 존 카밧진, 불광출판사, 2024
《열두 발자국》, 정재승, 어크로스, 2023
《정재승의 과학콘서트》, 정재승, 어크로스, 2020
《다시 이어지다 : 궁극의 욕망을 찾아서》, 한바다, 성해영, 김영사, 2017
《생각해 봤어? 우리가 잃어버린 삶》, 엄기호 등, 교육공동체벗, 2014
《내 안의 엑스터시를 찾아서》, 성해영, 불광출판사, 2024
《삶이 당신보다 더 잘 안다》, 마이클 싱어, 라이팅하우스, 2023
《세상에서 가장 긴 행복 탐구 보고서》, 로버트 월딩거, 마크 슐츠, 비즈니스북스, 2023
《150년 하버드 사고력 수업》, 송숙희, 유노북스, 2024
《말하지 않으면 인생은 바뀌지 않는다》, 샘 혼, 서삼독, 2024
《사이토 다카시의 교육력》, 남지연, AK, 2017
《요약이 힘이다》, 사이토 다카시, 포레스트북스, 2023
《숙론》, 최재천, 김영사, 2024
《UX/UI의 10가지 심리학 법칙》, 존 야블론스키, 책만, 2024
《피크아웃 코리아》, 채상욱, 김정훈, 커넥티드그라운드, 2024
《인생을 바꾸는 40가지 일기 수업》, 에릭 메이슬, 린다 몽크, 인라운드, 2023
《어떻게 극단적 소수가 다수를 지배하는가》, 스티븐 레비츠키, 대니얼 지블랫, 어크로스, 2024
《챗GPT 프롬프트 120% 질문 기술》, ChatGPT 비즈니스 연구회, 정보문화사, 2024
《필립 코틀러 마켓 6.0》, 필립 코틀러, 더퀘스트, 2024
《AI 수익화 전략》, 김동석, 경향비피, 2024
《초역 부처의 말》, 코이케 류노스케, 포레스트북스, 2024
《명상하는 뇌》, 대니얼 골먼, 김영사, 2022
《클리어 씽킹》, 셰인 패리시, 알에이치코리아, 2024
《머니룰》, 에스더 힉스, 제리 힉스, 나비스쿨, 2024
《늑대와 함께 달리는 여인들》, 클라리사 에스테스, 이루, 2013
《질병 해방》, 피터 아티아, 빌 기퍼트, 부키, 2024

《길을 묻는 리더를 위한 리더십 지도》, 데이비드 도트리치, 시대의창, 2007
《톰 피터스 탁월한 기업의 조건》, 톰 피터스, 한국경제신문사, 2022
《숫자에 속지 않고 숫자 읽는 법》, 톰 치버스, 데이비드 치버스, 김영사, 2022
《확률적 사고의 힘》, 다붙이 나오야, 에프엔미디어, 2022
《프레임의 힘》, 케네스 쿠키어 등, 21세기북스, 2022
《위대한 동양 고전 30권을 1권으로 읽는 책》, 김연수, 빅피시, 2024
《균형》, 김동완, 봄봄스토리, 2019
《당신은 설명서도 읽지 않고 인생을 살고 있다》, commonD, 페이지2, 2024
《내가 된다는 것》, 아닐 세스, 흐름출판, 2022
《기계 속의 악마》, 폴 데이비스, 바다출판사, 2023
《우리 몸은 전기다》, 셀리 에이디, 세종서적, 2023
《코나투스》, 유영만, 행성B, 2024
《살아남는 생각들의 비밀》, 샘 테이텀, 더퀘스트, 2024
《나는 도대체 왜 피곤할까》, 에이미 샤, 북플레저, 2024
《상상하지 말라》, 송길영, 북스톤, 2019
《그냥 하지 말라》, 송길영, 북스톤, 2021
《시대예보 : 핵개인의 시대》, 송길영, 교보문고, 2023
《글은 어떻게 삶이 되는가》, 김종원, 서사원, 2023
《내 언어의 한계는 내 세계의 한계이다》, 김종원, 마인드셋, 2024
《AI 이후의 세계》, 헨리A, 윌북, 2023
《AI 2041》, 리카이푸, 한빛비즈, 2023
《혁신에 대한 모든 것》, 매트 리들리, 청림출판, 2023
《칩 워》, 크리스 밀러, 부키, 2023
《스토리텔링으로 배우는 경영전략 워크북》, 가와세 마고토, 2011
《허송세월》, 김훈, 나남, 2024
《천년의 내공》, 조윤제, 청림출판, 2023
《신독, 혼자 있는 시간의 힘》, 조윤제, 비즈니스북스, 2024
《부의 인문학》, 브라운스톤, 오픈마인드, 2022
《밥 프록터 부란 무엇인가》, 밥 프록터, 윌북, 2023
《밥 프록터의 본 리치》, 밥 프록터, 비즈니스북스, 2024
《백만장자 시크릿》, 하브 에커, 알에이치코리아, 2020
《이제서야 이해되는 불교》, 원영, 불광출판사, 2023
《이제서야 이해되는 반야심경》, 원영, 불광출판사, 2024

《마음의 힘》, 문신원, 토네이도, 2014
《놀라운 몸과 마음의 힘》, 안드레아스 모리츠, 에디터, 2024
《우리가 작별 인사를 할 때마다》, 마거릿 렌클, 을유문화사, 2023
《디자인 구구단》, 에이핫, 길벗, 2024
《마음 지구력》, 윤홍균, 21세기북스, 2024
《습관은 암도 멈추게 한다》, 이원경, 21세기북스, 2024
《대화의 힘》, 찰스 두히그, 갤리온, 2024
《얼굴 습관의 힘》, 산드라 칸, 생능북스, 2024
《4050 생활습관 리셋》, 안병택, 좋은습관, 2024
《이대로 살아도 좋아》, 용수스님, 선스토리, 2024
《행동력 수업》, 오현호, 스카이마인드, 2024
《뇌가 행복해지는 습관》, 로레타 그라지아노 브루닝, 빛소굴, 2021
《잘 살고 싶다면 면역이 답이다》, 박용환, 떠오름, 2023
《한자의 탄생》, 탕누어, 김영사, 2015
《흰지의 퓸견》, 이승휴, 사계절, 2023
《심리 조작의 비밀》, 오카다 다카시, 어크로스, 2016
《바빌론 부자들의 돈 버는 지혜》, 조지 S.클래이슨, 책수레, 2021
《부자의 인간관계》, 사이토 히토리, 다산3.0, 2015
《아름다운 인생은 얼굴에 남는다》, 원철, 불광출판사, 2017
《낡아가며 새로워지는 것들에 대하여》, 원철, 불광출판사, 2021
《전념》, 피트 데이비스, 상상스퀘어, 2022
《겸손의 힘》, 대릴 반 통게렌, 상상스퀘어, 2024
《한자 원리와 개념으로 풀이한 노자 도덕경》, 임헌규, 파라아카데미, 2023
《하트 오브 비즈니스》, 위베르 졸리, 상상스퀘어, 2022
《소셜애니멀》, 데이비드 브룩스, 웅진지식하우스, 2024
《솔로 사회가 온다》, 아라카와 가즈히사, 나카노 노부코, 북바이북, 2022
《운의 과학》, 나카노 노부코, 로크미디어, 2024
《한낮의 어둠》, 율리아 에브머, 한겨레출판, 2021
《들개처럼 연출하다》, 김영희, 애플북스, 2024
《일하는 마음》, 제현주, 어크로스, 2024
《사장의 철학》, 안상헌, 행성B, 2021
《호르몬은 어떻게 나를 움직이는가》, 막스 니우도르프, 어크로스, 2024
《A4 한 장을 쓰는 힘》, 안광복, 어크로스, 2024

《오래된 책들의 생각》, 신동기, 아틀라스북스, 2017
《기자의 글쓰기》, 박종인, 와이즈맵, 2023
《만화로 보는 3분 철학 1~3》김재훈, 카시오페아, 2022
《세상의 모든 전략은 삼국지에서 탄생했다》, 임용한, 교보문고, 2022
《부자의 사고 빈자의 사고》, 이구치 아키라, 한스미디어, 2015
《끝없는 추구》, 덱스터 예거, 나라, 2015
《인생의 의미》, 토마스 힐란드 에릭센, 더퀘스트, 2024
《사람, 장소, 환대》, 김현경, 문학과지성사, 2015
《정직한 조직》, 론 카루치, 센시오, 2024
《픽사 스토리텔링》, 매튜 룬, 현대지성, 2022
《좋은 리더를 넘어 위대한 리더로》, 짐 콜린스, 흐름출판, 2024
《어원으로 읽는 영단어 이야기》, 유원호, 넥서스, 2024
《컨셉 수업》, 호소다 다카히로, 알에이치코리아, 2024
《세상에서 가장 이상한 비밀》, 얼 나이팅게일, 넥서스BIZ, 2024
《좋은 기분》, 박정수, 북스톤, 2024
《작별하지 않는다》, 한강, 문학동네, 2021
《소년이 온다》, 한강, 창비, 2014
《한승원의 글쓰기 비법 108가지》, 한승원, 푸르메, 2008
《사람의 길》, 한승원, 문학동네, 2023
《강은 이야기하며 흐른다》, 한승원, 김영사, 2012
《물에 잠긴 아버지》, 한승원, 문학동네, 2015
《얼 나이팅게일 위대한 성공의 도구》, 얼 나이팅게일, 더퀘스트, 2024
《생각의 기술》, 코디정, 이소노미아, 2024
《초원 이충익의 담노역주》, 김학목, 통나무, 2014
《삶이 흐르는 대로》, 해들리 블라호스, 다산북스, 2024
《댄 애리얼리 미스빌리프》, 댄 애리얼리, 청림출판, 2024
《무엇이 나를 살아 있게 만드는가》, 코리 키스, 더퀘스트, 2024
《마음이 부자인 아이는 어떻게 성장하는가》, 박소영, 북크레용, 2024
《지하 생활자의 수기》, 표도르 도스토예프스키, 문예출판사, 1998
《내가 틀릴 수도 있습니다》, 비욘 나티코 린데블라드, 다산초당, 2024
《일의 철학》, 빌 버넷, 갤리온, 2021
《어른은 어떻게 성장하는가》, 존 헤네시, 부키, 2019
《우리는 지금 문학이 필요하다》, 앵거스 플레처, 비잉, 2021

《똑똑하게 생존하기》, 칼 T.벅스트롬, 안드로메디안, 2021

《리더라면 손자병법》, 박재희, 김영사, 2024

《유용우 한의사의 맨발 걷기 처방전》, 유용우, 파라사이언스, 2024

《선택적 친화력》, 요한 볼프강 폰 괴테, 을유문화사, 2023

《우리 고전으로 배우는 고전 독해와 글쓰기 1~2》, 정형권, 성림주니어북, 2024

《스무 살에 만난 유대인 대부호의 가르침》, 혼다 켄, 알파미디어, 2024

《괴테의 인생수업》, 사이토 다카시, 알파미디어, 2024

《아이 앰 댓》, 스리 니사르가닷따 마하라지, 탐구사, 2020

《위대한 기업은 한 문장을 실천했다》, 정강민, 넥서스BIZ, 2022

《도쿄 트렌드 인사이트 2025》, 정희선, 원앤원북스, 2024

《나는 지금 누구를 사랑하는가》, 바이런 케이티, 쌤앤파커스, 2011

《우주님의 1분 스파르타》, 고이케 히로시, 나무생각, 2020

《춘추좌전》, 최종례, 명문당, 2016

《한 권으로 읽는 자치통감》, 사마광, 현대지성, 2019

《좌진 명문장 100구》, 문심워크숍, 눌민, 2015

《눈송이처럼 너에게 가고 싶다》, 문정희, 파람북, 2024

《전략적 사고의 11가지 법칙》, 김성준, 포르체, 2024

《마음의 힘이 필요할 때 나는 달린다》, 김세희, 빌리버튼, 2024

《뇌가 "NO"라고 속삭일 때》, 슈테판 퀼쉬, 뜨인돌, 2024

《건강 격차》, 마이클 마멋, 동녘, 2017

《의도의 힘》, 웨인 다이어, 빌리버튼, 2024

《수학이 생명의 언어라면》, 김재경, 동아시아, 2024

《우리는 매일 죽음을 입는다》, 올든 위커, 부키, 2024

《언어를 디자인하라》, 유영만, 쌤앤파커스, 2022

《어른이 되어보니 보이는 것들》, 코이케 가즈오, 다른상상, 2022

《어른의 중력》, 사티아 도일 바이오크, 윌북, 2022

《질병은 없다》, 제프리 블랜드, 정말중요한, 2024

《식단 혁명》, 조지아 에데, 메디치미디어, 2024

《행복의 비밀》, 조지 베일런트, 21세기북스, 2013

《알고리즘에 갇힌 자기 계발》, 마크 코켈버그, 민음사, 2024

《제임스 앨런 콜렉션 세트》, 제임스 알렌, 21세기북스, 2024

《리더의 질문법》, 에드거 샤인, 심심, 2022

《리더의 돕는법》, 에드거 샤인, 심심, 2024

《상대는 중요한 사람이다》, 드로우앤드류, 데일카네기, 윌북, 2024

《젠슨 황 레볼루션》, 우중셴, 여의도책방, 2024

《젠승 황, 게임의 룰》, 장상용, 해냄, 2024

《테슬라 리부트》, 백수전, 한국경제신문, 2024

《행동하지 않으면 인생은 바뀌지 않는다》, 브라이언 트레이시, 현대지성, 2024

《록펠러의 편지》, 존 데이비슨 록펠러, 와이즈맵, 2024

《말의 힘》, 윤석금, 리더스북, 2024

《나를 돌파하는 힘》, 윤석금, 리더스북, 2022

《데일리 대드》, 라이언 홀리데이, 청림Life, 2024

《절제 수업》, 라이언 홀리데이, 다산초당, 2023

《정의 수업》, 라이언 홀리데이, 다산초당, 2024

《모든 단어에는 이야기가 있다》, 이진민, 동양북스, 2024

《나를 만드는 식습관 레시피》, 허진, 라라, 2024

《배짱으로 삽시다》, 이시형, 풀잎, 2013

《AI 손자병법》, 노병천, 밥북, 2024

《고요한 읽기》, 이승우, 문학동네, 2024

《더 나은 어휘를 쓰고 싶은 당신을 위한 필사책》, 이주윤, 빅피시, 2024

《나는 습관을 조금 바꾸기로 했다》, 사사키 후미오, 쌤앤파커스, 2019

《나를 소모하는 것들로부터 달아나기》, 데이비드 헨리 소로, 고유명사, 2024

《마음의 기술》, 안-엘렌 클레르, 상상스퀘어, 2024

《더 나은 결정을 위한 하루 10분 논리 연습》, 후카사와 신타로, 현익출판, 2024

《자유론 새번역》, 존 스튜어트 밀, 이소노미아, 2024

《세스 고딘의 전략 수업》, 세스 고딘, 쌤앤파커스, 2025

《철학의 힘》, 김형철, 서삼독, 2024

《제텔카스텐》, 숀케 아렌스, 인간희극, 2023

《양심》, 최재천, 더클래스, 2025

《양심 : 도덕적 직관의 기원》, 패트리샤 처칠랜드, 씨아이알, 2024

《필수 어원을 만화로 잡는 4컷 영단어》, 히지이 가쿠, 더북에듀, 2023

《제왕의 사람들》, 김영수, 유노북스, 2023

《개구리를 먹어라》, 브라이언 트레이시, 이옥용, 북@북스, 2013

《밤의 도서관》, 알베르토 망겔, 세종서적, 2019

《상황과 이야기》, 비비언 고닉, 마농지, 2023

《무지의 즐거움》, 우치다 타츠루, 유유, 2024

《당신은 결국 무엇이든 해내는 사람》, 김상현, 필름, 2022

《1년 뒤 오늘을 마지막 날로 정해두었습니다》, 오자와 다케토시, 필름, 2022

《금가루 수업》, 캐서린 폰더, 노들, 2024

《숨결이 바람이 될 때》, 폴 칼라니티, 흐름출판, 2016

《악마와 함께 춤을》, 크리스타 K.토마슨, 흐름출판, 2024

《빛이 이끄는 곳으로》, 백희성, 북로망스, 2024

《독서의 기술, 책을 꿰뚫어보고 부리고 통합하라》, 허용우, 너머학교, 2013

《권도균의 스타트업 경영 수업》, 권도균, 위즈덤하우스, 2015

《유연한 사고의 힘》, 레오나르드 믈로디노프, 까치, 2018

《뇌신경 의사, 책을 읽다》, 신동선, 더메이커, 2022

《그림으로 생각하면 심플해진다》, 사쿠라다 준, M31, 2018

《사업은 사람이 전부다》, 마쓰시타 고노스케, 중앙경제평론사, 2015

《힐빌리의 노래》, J. D. 밴스, 흐름출판, 2017

《묻는다는 것》, 정준희, 너머학교, 2023

《어제보다 멍청해지기 전에》, 필립 길버트 해머튼, 필로틱, 2025

《프루스트와 오징어》, 매리언 울프, 어크로스, 2024

《축의 시대》, 카렌 암스트롱, 교양인, 2010

《가장 쉬운 AI 입문서》, 오니시 가나코, 아티오, 2019

《나는 보았습니다》, 박진여, 김영사, 2025

《티마이오스》, 플라톤, 아카넷, 2019

《4성향》, 그레첸 루빈, 마인드랩, 2025

《독자 기르는 법》, 메건 데일리, 유유, 2021

《이기적 논어 읽기》, 김명근, 개마고원, 2015

《삶의 실력, 장자》, 최진석, 위즈덤하우스, 2025

《행동은 불안을 이긴다》, 롭 다이얼, 서삼독, 2025

미주

1. 《삶의 실력, 장자》, 최진석, 84p, 위즈덤하우스
2. 《관점 설계》, 에밀리 발세티스, 김영사, 134p
3. 《이기적 논어 읽기》, 김명근, 개마고원, 186p
4. 《심장이 쿵하는 철학자의 말》, 세계 대철학자 37인, 알투스, 142p
5. 《한국인을 읽는다》, 최재천, 베가북스, 143p
6. 《창의적 생각의 발견, 글쓰기》, 정희모, 샘터, 118p
7. 《안득장자언》, 진계유, 연암서가, 292p
8. 《이기적 논어 읽기》, 김명근, 개마고원, 201p
9. 《3분 철학》, 서정욱, 카시오페아, 148p
10. 《어른의 중력》, 사티아 도일 바이오크, 윌북, 113p
11. 《옛 이야기의 힘》, 신동흔, 나무의철학, 69~70p
12. 《불변의 법칙》, 모건 하우절, 서삼독, 382p
13. 《블러프》, 마리아 코니코바, 한국경제신문, 231p
14. 《당신의 뇌는 서두르는 법이 없다》, 양은우, 웨일북, 43p
15. 《어른이 되어보니 보이는 것들》, 코이케 가즈오, 다른상상, 47p
16. 《부의 역발상》, 켄 러스크, 유노북스, 118~119p
17. 《생각의 시크릿》, 밥 프록터, 진성북스, 130p
18. 《이어령의 마지막 수업》, 이어령, 열림원, 192p
19. 《상상하지 말라》, 송길영, 북스톤, 154p
20. 《생각도 생각이 필요해》, 존 에이커프, 위너스북, 195p
21. 《나는 농담으로 과학을 말한다》, 오후, 웨일북, 416p
22. 《밥 프록터의 부란 무엇인가》, 밥 프록터, 윌북, 257p
23. 《아직 오지 않는 날들을 위하여》, 파스칼 브뤼크네르, 인플루엔셜, 55p
24. 《이기적 논어 읽기》, 김명근, 개마고원, 320p
25. 《공부의 철학》, 지바 마사야, 책세상, 19p
26. 《어른이 되어보니 보이는 것들》, 코이케 가즈오, 다른상상, 140p
27. 《이대로 살아도 좋아》, 용수, 박산호, 선스토리, 179p

28 《이제서야 이해되는 불교》, 원영, 불광출판사, 97p
29 《오래된 책들의 생각》, 신동기, 아틀라스북스, 298p
30 《행동은 불안을 이긴다》, 롭 다이얼, 서삼독, 266p
31 《하버드 마지막 강의》, 제임스 라이언, 비즈니스북스, 112~113p
32 《배짱으로 삽시다》, 이시형, 풀잎, 64p
33 《인생에 단 한번은 유대인처럼》, 자오모, BOOKULOVE, 81p
34 《고요한 읽기》, 이승우, 문학동네, 235p
35 《블러프》, 마리아 코니코바, 한국경제신문, 345p
36 《말의 힘》, 윤석금, 리더스북, 60p
37 《안득장자언》, 진계유, 연암서가, 250p
38 《몸에서 자연으로, 마음에서 우주로》, 고미숙, 북튜브, 383p
39 《백만장자 시크릿》, 하브 에커, 알에이치코리아, 110p
40 《생각을 바꾸는 생각들》, 비카스 샤, 인플루엔셜, 215p
41 《스무 살에 만난 유대인 대부호의 가르침》, 혼다 켄, 알파미디어, 228p
42 《시대예보 핵개인의 시대》, 송길영, 교보문고, 289p
43 《묻는다는 것》, 정준희, 너머학교, 17p
44 《배짱으로 삽시다》, 이시형, 풀잎, 70p
45 《심장이 쿵하는 철학자의 말》, 세계 대철학자 37인, 알투스, 80p
46 《아직 오지 않는 날들을 위하여》, 파스칼 브뤼크네르, 인플루엔셜, 109p
47 《밥프록터의 본 리치》, 밥 프록터, 비즈니스북스, 263p
48 《더 나은 어휘를 쓰고 싶은 당신을 위한 필사책》, 이주윤, 빅피쉬, 7p
49 《한국인을 읽는다》, 최재천, 베가북스, 220p

어울림과
　　　아우름

초판 1쇄 발행   2025. 6. 30.

지은이   곽동일
펴낸이   김병호
펴낸곳   주식회사 바른북스

편집진행   황금주
디자인   김민지

등록   2019년 4월 3일 제2019-000040호
주소   서울시 성동구 연무장5길 9-16, 301호 (성수동2가, 블루스톤타워)
대표전화 070-7857-9719 | **경영지원** 02-3409-9719 | **팩스** 070-7610-9820

•바른북스는 여러분의 다양한 아이디어와 원고 투고를 설레는 마음으로 기다리고 있습니다.

이메일   barunbooks21@naver.com | **원고투고** barunbooks21@naver.com
홈페이지   www.barunbooks.com | **공식 블로그** blog.naver.com/barunbooks7
공식 포스트 post.naver.com/barunbooks7 | **페이스북** facebook.com/barunbooks7

ⓒ 곽동일, 2025
ISBN 979-11-7263-452-0 03190

•파본이나 잘못된 책은 구입하신 곳에서 교환해드립니다.
•이 책은 저작권법에 따라 보호를 받는 저작물이므로 무단전재 및 복제를 금지하며,
이 책 내용의 전부 및 일부를 이용하려면 반드시 저작권자와 도서출판 바른북스의 서면동의를 받아야 합니다.